꿀꿀한 오늘이라도 주님의 기대로 살기

꿀꿀한 오늘이라도 주님의 기대로 살기

발 행 일   2024년 01월 19일

지 은 이   이은호
편   집   필립 구
발 행 처   도서출판 담아서
주   소   경기도 시흥시 배곧3로 27-8
전   화   0505-338-2009
팩   스   0505-329-2009
등록번호   2021-000013호

ISBN 979-11-975961-2-4(93230)

꿀꿀한
오늘이라도
주님의
기대로 살기

이은호 지음

목차

프롤로그(Prologue) ——————————————————— 6

Part 1 두 갈림길에 서 있을 때 ————————————— 10

첫 번째 이야기
거룩한 책임 의식이 욕망을 앞서게 하라(창 13:5-18)   11

두 번째 이야기
상황이 아닌 은혜의 원리를 따르라(삼상 24:1-15)   24

세 번째 이야기
더 좋은 것이 아니라 더 필요한 것을 취하라(빌 1:19-26)   36

네 번째 이야기
감정 따라 실망 말고, 사명 따라 충성하라(마 26:36-46)   48

다섯 번째 이야기
두려움에 휘둘리는 인생이 아니라 하나님께 붙잡힘 받는
인생이 되라(사 8:5-18)   60

Part 2 상황이 내 마음 같지 않을 때 ————————————— 72

여섯 번째 이야기
있어야 할 곳에 있으라(창 26:12-33)   73

일곱 번째 이야기
불가능에 도전하라(출 14:1-18)   86

여덟 번째 이야기
한 길로 걸어가 하기로 되어 있는 일을 하라(수 3:1-17)   100

아홉 번째 이야기
감사의 조건으로 변화시켜라(삼상 7:1-14)   113

열 번째 이야기
은혜 받고 은혜 주는 자임을 기억하라(삼상 23:14-29)   125

Part 3 더 높고 더 의미있는 일상 추구하기 ───────── 138

열한 번째 이야기
나에게 허락된 특권을 확인하라(요 17:20-23)   139

열두 번째 이야기
염려가 통제하려는 것을 거부하라(마 6:19-34)   151

열세 번째 이야기
내가 주인 되어 살려는 욕구에 내려오라(눅 9:23-26)   163

열네 번째 이야기
지레 비관하지 않고 사람들의 진정한 행복을 바라라
(롬 5:1-5)   175

열다섯 번째 이야기
하나님의 신실함에 초점 맞출 때 내 삶은 더 의미있게 된다
(민 11:4-15)   187

에필로그(Epilogue) ──────────────── 200

프롤로그(Prologue)

　어떤 이는 "인생은 B(Birth)와 D(Death) 사이의 C(Choice)"라고 하였다. 태어나면서부터 죽을 때까지 선택의 연속이므로 지혜롭게 선택할 것을 말했을 터.

　나는 설명없이 이 문장만을 보았을 때, 선택이 생명과 같은 기쁨을 얻게도 하고 죽음과 같은 고통을 얻게도 한다는 뜻으로 읽혔다. 말한 이의 생각과 크게 차이나지 않으리라.

　그렇다. 누구나 잘 선택해서 고통은 피하고 기쁨을 얻길 원한다. 하지만 문제는 그렇질 못하다는 데 있다. 죽음과 같았다고 하면 과장이겠지만, 어쨌든 나의 선택은 매번 고통스러웠다. 단적으로 나는 두 번 교회를 개척하려고 하였다. 그때마다 다른 선택지가 보였고 결과적으로 실패했다. 지도해 주신 교수님은 다른 선택지에 대해 잘 돼도 문제이고 안 돼도 문제라고 하시며, 그렇게 하지 않는 것이 좋겠다고 말씀해주셨다. 이미 마음을 굳힌 까닭에 그런 말씀

　　　　　　　　꿀꿀한 오늘이라도 주님의 기대로 살기

이 들어올 리 없었다.

　주님의 뜻이라고 생각했고 내가 원해서 결정했다. 그러나 그 결정의 한복판에서 나는 서운함과 원망과 분노를 만들어내고 있었다. 처음에는 하나님의 비전이 있기 때문이라며 시궁창에서도 별을 보는 비저너리(visionary)로 나를 둔갑시켰다. 그럴듯하였다. 하지만 이내 누가 뭐라 하지 않았음에도 스스로 초라해졌다. 내가 잘하고 있다는 것을 보여 줄 수 있어야 하는데, 그렇질 못하니 자괴감이 들었기 때문이다. 사람들을 만나기도 싫었다.

　교회당에 앉아 늘 하소연하는 듯한 기도만 주님께 드렸다.

　"주님, 저는 뭡니까?"

　어느 새벽 우는 소리로 징징대고 있었을 때, 주님께서 마음에 말씀해 주셨다. "너는 내가 한 쪽 주머니의 물건을 빼내어 다른 쪽 주머니에 넣을 수 있는 권한이 있음을 믿느냐?"

　그 질문에 "그렇습니다. 주님"이라고 대답할 수밖에 없었다.

　어떤 사람을 이렇게 쓰시고, 또 다른 사람을 저렇게도 쓰실 수 있는 권한이 주님께 있다는 말씀이었다. 사람 눈에 어떻게 보일지라도 그것이 중요하지 않다. 하나님이 그를 쓰겠다고 하시는데, 누가 반대할 수 있겠는가! 그렇지 않은가?

　베드로가 "요한은 어떻게 될까요?"라고 할 때 주님은 "그것이 너와 무슨 상관이 있느냐? 너는 나를 따라오너라"(요 21:21)라고 하셨다. 나는 주님의 종놈. 주님이 이렇게 하겠다고 하시는 일을 반대할 아무 자격이 없다. 나는 주님 뜻에 따르기만 하면 되는 것이었다.

처한 그 상황들을 벗어날 수 있는 제안들이 있었지만, 모면하는 것에 불과할 뿐, 견뎌야 하는 것이 주님의 뜻이라 확신했다. 하나님의 신호가 없으면, 어떤 액션도 취하지 않겠다고 다짐했다.

그러는 중에 고민하면서 보았던 말씀 구절들이 이 책의 내용들이다. 문제 한복판에 있는 자로서 주님의 뜻을 살필 수 있었고, 이해되지 않는 일들의 연속이었지만 주님께 시선을 고정시킬 수 있었다. 그러면서도 고민과 갈등으로 뒤범벅된 듯한 삶, 의식해야만 한숨이 새어나오지 않게 할 수 있는 시간들, 자신과 타인에 대한 씁쓸함, 분노와 실망감은 정리 되지 않은 채 여전히 남아 있었다.

나는 그와 같은 시간들을 보내면서 결국 '오늘'이라는 시간이 더욱 중요함을 깨닫게 되었다. 어리석은 선택을 했다. 그렇더라도 또 다시 내 멋대로 할 것이 아니라, 오늘 그 자리에서라도 주님의 뜻을 살펴 행해 보라는 것이다. 나는 성도들에게 자주 "넘어진 자리"가 "사명의 자리"가 될 수 있다고 강조한다. 내가 그러한 자 되었기 때문이다. 선택을 뒤돌아보며 후회와 원망과 분노로 오늘을 살 것이 아니라, 주님의 고쳐주시는 은혜를 "기대하는 오늘"을 살아야 한다. 하나님은 어리석은 선택을 통해 나를 새롭게 만드셨다.

꿀꿀한 오늘이라도 주님의 기대로 살기

자아를 깨뜨려 나의 허상을 보게 하셨고, 신뢰하는 것들의 무능력함을 보게 하셔서 주님을 더욱 의지하게 하셨다.

이 책은 누군가를 위해 쓴 것이 아니다. 바로 나 자신 안에 있는 어리석음을 들여다보며, 그 답을 찾기 위한 것으로부터 출발했다. 그리고 나와 비슷한 처지의 독자들이 있다면 조금이라도 도움이 되길 기대하여 출판한다. 하나님은 기가 막힌 분이시다. 막다른 골목에 이른 것 같으나 또 다른 길을 예비하시는 우리의 좋은 아버지시다. 그 하나님을 독자들도 같이 경험하길 기대한다. 오래 전에 약속했던 말씀을 기억하여, 이 책을 출간할 수 있도록 후원해 주신 익명의 집사님께 감사 드린다.

Part 1

두 갈림길에 서 있을 때

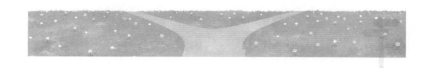

첫 번째 이야기

거룩한 책임 의식이 욕망을 앞서게 하라

📖 창 13:5-18

A. 아들러(A. Adler)라는 심리학자는 독특하게도 한 인간이 인류 속에서 맺는 관계를 강조하였다. 그는 자기 것만을 추구하며 사적인 이익만을 따라 움직이는 인생관을 배격해야 한다고 주장했다. 그 이유인즉 그러한 태도가 개인은 물론 인류 공통의 진보에 최대 장애가 되기 때문이다. 인간의 모든 능력은 이웃에 대한 관심에 의해서만 발전할 수 있다는 것이다. 이는 사람에게 주어진 읽기 쓰기 말하기 능력을 보면 알 수 있다. 읽기 쓰기 말하기 능력들은 다른 사람들과의 교제를 전제로 하며, 그것을 위해 계속 발전되어 왔다.

아들러는 자신이 만났던 범죄자들의 경력에서 발견한 공통된 특징을 이야기한다. 그들은 항상 사회적 관심이 결여되어 있고 협동의 훈련을 받은 적이 없다. 대신 그들에게는 허구적이고 개인적인 우월을 추구하려는 것만 발달되었다고 하였다. 아들러는 이러한 특징들이 관계의 결여, 혹은 관계의 파괴를 가져왔다고 하였다.

아들러가 성경적인 입장으로 이런 주장을 했는지 알 수는 없다. 그러나 이는 신자들에게 더욱더 강조되어야 할 사안이다. 신자는 하나님과 세상 사이에서 연결고리로 존재한다. 신자가 존귀한 존재이나, 하나님과 세상 사이에서 연결고리로 있을 때 그 존귀함이 드러난다. 특별히 갈림길에 놓여 있을 때 어떤 태도를 취하느냐에 따라 그 존귀함이 빛나게 된다.

"선택 장애"는 현대인의 흔한 특징으로, 사람들은 오늘날 무엇을 선택할지 몰 라 우왕좌왕한다.어떤 사람들은 상견례 하는데 무슨 옷을 입고 가야 하는지 인터넷에 도움을 요청하기도 한다. 그것은 그나마 이해할만하다. 무엇을 먹자고 하면 메뉴판에도 없는 "아무거나"라고 말한다. 어느 누구라도 대신 결정해주길 바라는 것이다.

현대인의 선택 장애의 가장 큰 원인은 '자기다운 원리의 부재' 또는 '자기다운 원리에 지배 받지 않는 삶'이다. 마찬가지로 성도의 선택 장애의 원인은 신자다운 원리가 없거나, 신자다운 원리에 지배 받지 않는 것이다. 선택이라는 갈림길에 있을 때 무엇이 신자의 원리로 작용되어야 하는가?

애굽에서 떠난 아브람과 롯은 네게브에 이르러 각자 재산이 많아졌다. 그들의 목자들이 목초지를 두고 자주 다투었으며, 두 사람

꿀꿀한 오늘이라도 주님의 기대로 살기

은 더 이상 함께 살 수 없음을 알게 되었다. 아브람에게 롯은 하나뿐인 피붙이 조카였고, 롯에게 아브람은 가문의 유일한 어른이자 의지할만한 사람이었다.

그럼에도 아브람과 롯은 살림이 커진 까닭에 더 이상 같이 살 수 없었다. 아브람만 해도 거느린 사람들이 1,500명에서 2,000명 가량 되었기 때문에, 생활권을 구분하는 것은 어쩔 수 없는 일이었다.

생활권을 구분하기에 앞서, 아브람은 롯에게 먼저 선택권을 준다. 그는 롯에게 "네 앞에 온 땅이 있지 아니하냐 나를 떠나가라 네가 좌하면 나는 우하고 네가 우하면 나는 좌하리라(창 13:9)"라고 하였다. 이에 롯이 요단 지역을 바라보니 소알까지 온 땅에 물이 넉넉하여, 마치 에덴동산과도 같았다. 롯은 목축하는 데 매우 유리하다고 판단하여 요단 동쪽 지역을 택한다.

소돔 사람은 여호와 앞에 악하며 큰 죄인이었더라(창 13:13).

롯이 요단 지역을 택하고 점점 소돔과 고모라 쪽으로 옮겨 간 이유는 '재산 증식' 때문이었다. 자기 가축들을 얼마나 잘 먹일 수 있느냐, 즉 물질적인 번영을 이루는 데 얼마나 유리한가, 이것이 선택의 가장 중요한 원리였고 이유였다.

롯이 불신앙의 사람이라든지 아니면 하나님의 약속에서 제외된 사람은 아니다. 즉 구원받지 못한 사람은 아니라는 뜻이다. 사도 베드로는 롯을 "의인"이라고 하였다.

무법한 자들의 음란한 행실로 말미암아 고통 당하는 의로운 롯을 건지셨으니 [이는 이 의인이 그들 중에 거하여 날마다 저 불법한 행실을 보고 들음으로 그 의로운 심령이 상함이라] (벧후 2:7-8).

롯이 소돔과 고모라에 살긴 했지만, 그는 이웃의 악한 행동을 보면서 늘 고통스럽게 지냈다. 성경에서 의인이란 다른 사람보다 더 의롭고 착하게 사는 사람을 말하지 않는다. 하나님께서 긍휼히 여기셔서 하나님을 의지하며 살아갈 수 있게 된 사람이라는 뜻이다. 아브람도 롯을 의인으로 인정하고 받아들였다. 8절에 나오는 "친족"이란 문자적으로 '형제 관계에 있는 사람'이라는 뜻이다. 그러나 그것보다 더 깊은 의미는 아브람 자신과 같이 롯도 동일한 약속을 바라고 가나안 땅으로 온 사람, 동일한 소망과 믿음이 있는 사람이라는 뜻이다. 즉 롯 역시 의인이요 하나님을 믿는 사람이었다.

그럼에도 두 갈림길에서 선택지가 주어졌을 때, 롯에게는 하나님의 약속이나 하나님께서 그에게 기대하시는 바가 무엇인지 치

꿀꿀한 오늘이라도 주님의 기대로 살기

열하게 고민한 흔적을 찾아볼 수 없다. 그는 요단 평야를 선택하고는 소돔에 들어가 그곳 사람들과 같이 살며 지낸다. 그리고 매우 성공한 사람이 되었다.

> … 롯이 소돔 성문에 앉아 있다가 …(창 19:1).

당시 성문에 앉았다는 것은 그 사람의 사회적인 신분이나 지위를 알려 준다. 성문에 앉았다는 것은 그 도시의 장로나 권력을 가진 사람들이 앉아 재판하는 자리, 소송 듣는 자리였다. 롯이 소돔에서 매우 큰 성공을 거두었다는 것을 알 수 있다. 이렇게 보자면 그가 요단 동편을 선택한 것은 그의 성공을 위해 매우 잘한 것이라고 평가할 수 있다. 하지만 롯 그 자신은 하나님을 믿으면서도, 늘 세상과 혼합된 삶을 살았다. 그런 삶은 롯이 가족에게 하나님의 사람으로서 거룩하고 선한 영향을 주는 것을 방해했다. 롯의 영향력이란 성령의 열매가 아닌 물질적 번영에 의한 것이었다.

하나님은 소돔과 고모라의 악함으로 심판하시기 전에, 롯의 가족에게는 피할 길을 열어 주셨다. 산 위로 도망가되 절대 뒤를 돌아보지 말라고 하셨다. 하지만 롯의 아내는 뒤를 돌아보다가 그만 소금기둥이 되어 죽고 만다. 그녀는 세상을 무척 사랑했고 물질에 대한 욕망이 강했다. 소돔에 두고나온 자신의 명품 옷과 백과 구두, 마사지와 스파 회원권, 오피스텔 소유증서들이 너무 아까웠다. 누가는 "롯의 처를 기억하라"(눅 17:32)며 더 중요한 것을 없어도 되는 것과 바꿔치기 하는 어리석음을 경계하고 있다. 롯의 사위들은 심판 당할 것이니 피하라는 장인의 말을 농담으로 여겼다. 롯의 딸들은 그들 가문이 다 망했다며 아버지의 씨를 받아 모압과 암몬 자손을 만들어낸다.

무엇 때문에 이들은 이렇게 해도 된다고 생각했을까? 중요한 선택을 해야만 할 때, 신자라는 존재감, 그 정체성을 확연히 드러내는 선택을 보여 주지 못한 롯의 영향 때문이다. 하나님 운운하고 예수님 사랑은 잘도 말하지만, 사람을 사귀고 신뢰를 지키고 결혼을 하고 이사를 하고 직장을 선택하고 진로를 결정하는 기준이 세상 사람과 전혀 차이가 없다는 것이다. 똑같은 욕망, 똑같은 가치관, 똑같은 삶으로는 신자라는 무게감, 세상과는 다른 삶이라는 충격을 전혀 줄 수 없다. 한 방송사의 뉴스 앵커 브리핑의 멘트가 가슴을 후벼 팠다.

미국 상원의 채플 목사였던 리처드 핼버드 목사는 이렇게 말했습니다. "교회는 그리스로 이동해 철학이 되었고, 로마로 옮겨가서는 제도가 되었다. 그 다음에 유럽으로 가서 문화가 되었다. 마침내 미국으로 왔을 때 … 교회는 기업이 되었다."

꿀꿀한 오늘이라도 주님의 기대로 살기

그리고 대형 교회의 세습을 비판한 영화 <쿼바디스>의 김재환 감독은 이렇게 덧붙입니다.

"교회는 한국으로 와서는 대기업이 되었다."

하나님께서 하나님의 백성을 세우신 이유는 물질적인 풍요와 높은 사회적 지위 때문이 아니다. 재산과 명예가 불필요하다는 말이 아니다. 그러나 그것이 결코 신자의 우선순위가 될 수는 없다. 남들보다 높은 위치와 영달과 번영과 자존심 세울 수 있는 것이 선택의 이유라면, 헛되게 사는 것이다. 갈림길에 서있을 때, 우리 삶은 하나님의 통치 받는 자로서의 책임을 다하는가를 생각해야 한다. 세상보다도 더 우월하고 더 고상한 하나님의 통치 받는 모습을 그 순간에 보이도록 부름 받았기 때문이다.

그러나 롯과 대조적으로 아브람을 보라. 아브람에게는 롯이 유일하게 남은 피붙이다. 그를 떠나보내기가 매우 마음 아팠을 것이다. 혈연 관계로는 아브람과 롯밖에 없다. 하지만 지금과 같은 상황에서 함께 살 수 없다는 것은 너무도 분명하다. 이 때 아브람은 일반적 사고를 뛰어넘는 결정을 한다. 아브람은 롯에게는 가문의 제일 어른이다. 하나님의 약속을 직접 들은 사람은 롯이 아니라 아브람이다. 하나님은 아브람에게 축복을 내리셨다. 아브람은 하나님의 명령에 따라 자기 식솔들을 데리고 가나안까지 오게 되었다.

아브람 때문에 롯 역시 하나님의 약속과 복을 받게 되었다. 그럼에도 아브람은 롯과의 갈림길에 서 있을 때 자기에게 우선권이 있음을 주장하지 않았다. 아브람은 자기를 낮추고 조카 롯에게 화목할 수 있는 방법을 제시하였다.

그는 롯에게 이렇게 말한다.

> 네가 보는 앞에 땅이 얼마든지 있으니, 따로 떨어져 살자. 네가 왼쪽으로 가면 나는 오른쪽으로 가고, 네가 오른쪽으로 가면 나는 왼쪽으로 가겠다(창 13:9, 표준새번역).

롯에게 전적인 선택권을 준다. 여기에는 단순히 시비만을 막아 보자는 의도가 아닌 아브람의 애정과 간절함이 담겨 있다. 롯은 아브람과 같은 권한이 없다. 롯이 아브람의 보호 아래 있음에도, 아브람은 자기 권리의 절반을 준 것이다. 권리의 절반을 준 것을 넘어서서, 롯의 선택에 따라 자기 거주지를 정하겠다고 작정한다.

> 롯이 먼저 그리고 그 후에 나 아브람.

그러나 무엇 때문에 아브람이 이런 결정을 내리게 되었는지 생각해 보아야 한다. 만일 아브람의 성격이 좋고 후덕해서, 또 자기 피붙이를 잘 되게 하겠다는 생각에서 이런 결정을 내렸다고 한다면, 신자로서 배워야 할 모습은 아니다. 그것은 세상에서 흔히 말하는 것처럼 "다른 사람을 억울하게 하면 안 된다, 다른 사람을 성공시켜야 너도 잘 된다" 등등의 도덕과 윤리는 될 수 있어도 신앙은 아니다. 그런 교훈에서도 배울 것이 있으나, 성경에서 말하려는 신앙은 아니라는 말이다.

세상의 도덕과 윤리가 아니라면 아브람은 무엇으로 일반적인 사고를 뛰어넘는 결정을 했는가? 아브람은 하나님께서 그의 백성을 친히 통치하신다는 것과 하나님만이 그의 백성을 인도하신다는 것을 믿고, 경험했다.

다른 모든 것과 마찬가지로 물질도 하나님이 주셔야만 가질 수 있음을 확신하게 된 사건이 있다. 창세기 12장에서 가나안에 기근이 들어 애굽으로 내려간 아브람은, 애굽 사람들이 자기를 죽이고 아름다운 아내 사래를 빼앗아 갈까봐 두려워했다. 그는 자기 목숨을 지키고자 아내를 누이라고 거짓말했는데, 애굽 왕 바로는 아브람의 말을 그대로 믿어 사래를 첩으로 삼고자 했다. 이때 하나님은 사래를 돌려보내지 않으면 바로를 죽이겠다고 꾸짖으신다. 그러자 바로는 하나님의 재앙을 두려워하여 아브람에게 많은 소유를 주고는 떠나가도록 한다. 그래서 창세기 13장 2절에서 "아브람에게 가축과 은과 금이 풍부하였더라"(창13:2)라고 한 것이다.

이 상황이 이해가 되는가? 아브람은 비겁하였다. 처벌은 아니더라도 도덕적으로 비난 받아야 할 것으로 보인다. 그런데 하나님은 오히려 아브람에게 물질의 축복을 주셨다. 원인과 결과가 들어맞질 않는다. 이 사건으로 아브람은 하나님의 도움 없이는 물질도 얻을 수 없으며 모든 것을 하나님이 다스리신다는 것을 체험하게 된다. 혹 거북하게 들릴 수도 있지만, 하나님이 주시겠다고 하면 주시는 것이다. 하나님이 그의 백성을 위해 작정하시면 멈추게 할 것이 없다. 아브람은 하나님이 세상 무엇에도 영향 받지 않으며, 하나님께서 작정하신 대로 그 뜻을 펼쳐가심을 알았다. 그래서 자신은 하나님의 약속에도 부요했고 은과 금과 가축도 부요해질 수 있었다. 그 일에 열방의 증거자로 아브람은 세움 받았다. 그러니 그의 삶의 모습은 새로운 질서를 세워가야 한다. 하나님 은혜의 풍성함과 그 자비로움을 드러내야 한다. 아브람이 롯에게 한 말을 들어보라.

아브람의 집짐승을 치는 목자들과 롯의 집짐승을 치는 목자들 사이에, 다툼이 일어나곤 하였다. 그때에 그 땅에는, 가나안 사람들과 브리스 사람들도 살고 있었다. 아브람이 롯에게 말하였다. '너와 나 사이에, 그리고 너의 목자들과 나의 목자들 사이에, 어떠한 다툼도 있어서는 안 된다. 우리는 한 핏줄이 아니냐!

꿀꿀한 오늘이라도 주님의 기대로 살기

(마 13:7-8, 표준새번역).

　가나안 사람과 브리스 사람은 세상 사람들을 가리킨다. 아브람은 마치 "세상 사람들이 하나님을 믿는 우리를 보고 있다. 그러니 우리가 이 문제를 해결하는 데 그들 방식이 아닌 하나님의 방식으로 해결하여야 한다. 곧 하나님만이 모든 것을 다스리시며 그분은 은혜가 풍성하신 분임을 우리의 일로 드러내야만 한다"라고 말하는 것 같다. 이에 아브람은 믿는 사람으로 매우 신중하고 지혜롭게 처신하고자 애썼다.

　세상 사람들에게 비춰지는 신자의 모습과 이 상황에서 하나님이 온 세상의 주권자요 그분의 풍성한 은혜를 드러낼 수 있는 것이라면 그렇게 하겠다고 결심한다. 그런 원리야말로 아브람이 복의 통로로 부름 받은 자다운 것이다. 그리고서 롯에게 큰 배포, 통큰 결정을 내려줄 수 있었다. 이러한 삶의 자세는 우리 역시 취해야 할 모습이다. 그것은 우리에게 주어진 거룩한 책임 의식이다. 그로써 신자의 존재가 존재다워진다. 14절 이하를 보면, 하나님은 아브람의 결정이 합당하다고 인정해주심을 알 수 있다. 롯은 자기 눈을 들어 요단 지역을 보았지만, 하나님은 아브람이 보는 온 땅을 주겠다고 하셨다. 아브람은 롯에게 땅의 선택권을 주지만, 여호와께서는 아브람에게 온 땅을 주겠다고 하신다.

신자인 우리가 거친 이 세상을 살아가면서 안심할 수 있는 이유가 어디에 있는가? 또 손해 볼 것 같은 상황, 나만 억울하고 나만 왜 이래야 하느냐고 소리쳐도 이상하지 않은 상황에서 신자만의 여유와 낭만은 어디로부터 주어지는가? 하나님만이 이 세상의 주권자로 다스리시며 나라와 민족과 가정과 나 개인을 다스린다는 믿음에서 평안을 맛보게 한다. 그 믿음과 평안으로 예상을 뛰어넘는 결단을 내리게 한다. 신자의 그 결단은 세상이 하나님을 주목하게 만든다. 바로 그 자리, 거룩한 책임의 자리에 우리가 있어야 한다.

피터 드러커가 지은 『피터 드러커의 자기경영노트』(*The Effective Executive*)에 브라이언 간호사에 대한 이야기가 나온다. 그녀는 특별히 뛰어난 간호사가 아니었다. 하지만 그녀가 근무한 병동의 환자들은 더 잘 지냈고 회복도 더 빨랐다. 그녀가 담당한 병동에서 환자 간호에 대해 새로운 결정을 내릴 때마다 다음과 같은 질문을 했기 때문이다.

우리는 이 환자를 간호할 때 최선을 다하고 있는가?
우리는 이 병원의 목적에 적합한 최선의 공헌을 하고 있는가?

꿀꿀한 오늘이라도 주님의 기대로 살기

브라이언이 은퇴하고 10년이 지났어도 그녀의 영향으로 그 병원의 의료진들은 어떤 결정을 할 때 "이것이 브라이언 간호사를 만족시켰을까요?"라고 되물었다. 그래서 브라이언의 질문을 하나의 규칙으로 받아들이게 된 것이 "브라이언 간호사의 규칙"이다.

신자의 모습, 삶이 이와 같아야 한다. 두 갈림길에 서 있을 때마다 "하나님의 영광에 일치하는가? 세상에 하나님의 은혜로움을 드러낼 수 있는가?"라는 거룩한 책임 의식이 욕망을 앞서게 해야 한다. 또 두 갈림길에 서 있는 우리 가족이나 우리 친구, 세상이 "아무개 신자는 이런 상황일 때 어떻게 결정했을까?"라고 생각하게 만들어야 한다.

두 번째 이야기

상황이 아닌 은혜의 원리를 따르라

삼상 24:1-15

사람들에게는 생활하고 행동의 원리 원칙이 있다. 대부분 사람들의 행동 원리는 성취의 속도와 관련 있다. 그렇다면 원칙은 "그때 그때 달라요"가 될 것이다. 자신에게 이익이라면 무엇이든 좋다는 식이 될 것이기 때문이다.

페이스북의 창업자 마크 저커버그는 똑같은 스타일의 옷을 입는다. 그 이유에 대해, 그는 사소한 것으로 에너지 낭비를 막고, 중요한 한 가지에 모든 열정을 다 쏟기 위해서라고 하였다. 그렇게 해야 자기 본분에 전념할 수 있다고 생각하기 때문이다. 미국 새들백교회의 릭 워렌 목사님은 단 한 번도 여성과 단 둘이 있어본 적이 없다고 하였다. 그것을 자기 목회의 원칙으로 삼았다고 했다. 릭 목사님은, 어느 때 여성 운전자가 자동차 사고 낸 경우를 보았다. 생명에 지장 없다는 것을 알았으므로, 다른 사람에게 전화해서

도움 요청하고는 그 자리를 떠났다.

원칙은 나침반과 같아서, 그가 무엇을 높은 가치로 여겨 향하게 하는지 알게 한다. 일관된 원칙 준수는 그의 현재만이 아니라 미래도 예측할 수 있다. 그를 신뢰할 수 있다. 그래서 흔히 누군가를 알고자 할 때, 그가 걸어온 삶의 길을 보면 어떤 사람인지 알 수 있다고 말한다. 어떤 원칙의 사람인지를 말하는 것이다. 경우나 상황에 따라 다른 기준을 적용한다면 그를 신뢰하기가 어렵다. 신앙생활은 둘째 치고 사업조차 같이 하기 어렵다. 그렇다면 두 갈림길에 있을 때, 나는 어떤 원칙의 사람이 되길 원하는가?

다윗은 사울의 질투심 때문에 망명생활을 하게 된다. 사울은 자신이 다윗을 어떻게 대했는지 고백 형식으로 말한 것이 있다. 그는 다윗의 생명을 찾아 해하려 하였다(삼상 24:11). 한두 번이 아닌, 지속적인 행위를 말한다. 사울은 다윗을 학대하였다(삼상 24:17). 다윗에게 어리석은 일을 행하였고(삼상 26:21) 대단히 잘못된 일을 하였다(삼상 26:21)고 실토하였다. 지금도 사울은 다윗을 잡고자 엔게디 광야로 왔다. 이때의 상황을 보라. 1절에 "사울이 블레셋 사람을 쫓다가 돌아오매 어떤 사람이 그에게 말하여 이르되 보소서 다윗이 엔게디 광야에 있더이다"(삼상 24:1)라고 하였다. 이방족속 블레셋이 이스라엘의 한 영토인 그일라를 침략해왔다. 백성이 멸망 위기에 빠져 있으나, 사울은 왕으로서 아무 일도 하지 않았다.

대신 다윗이 하나님의 명령에 따라 블레셋의 손에서 그일라를 건져냈다.

다윗은 그 일을 하다가 사울에게 발각 된 것이다. 사울은 자기 백성을 보호해야 하는 일에는 무력하게 있다가, 다윗을 잡기 위해서는 병력 3,000명을 이끌고 엔게디 광야로 내려왔다. 사울은 제정신이 아니다. 기름부음을 받아 왕이 되었다고 하지만, 형식과 모양만 남아있지, 왕이라는 존엄성은 없는 것과 마찬가지이다. 웃었다 울었다가 잘못했다고 시인했다가 또 다시 다윗을 잡아 죽이려 하는 미치광이다. 그는 다만 자기 왕권을 지키기 위해 다윗을 정적이라 여겨 죽이려 할 뿐이다.

놀랍게도 다윗에게 절호의 기회가 찾아온다. 그가 굴속에 숨어 있을 때 사울이 용변을 보러 그곳 안으로 들어왔다. 3-4절에 "길가 양의 우리에 이른즉 굴이 있는지라 사울이 뒤를 보러 들어가니라 다윗과 그의 사람들이 그 굴 깊은 곳에 있더니 다윗의 사람들이 이르되 보소서 여호와께서 당신에게 이르시기를 내가 원수를 네 손에 넘기리니 네 생각에 좋은 대로 그에게 행하라 하시더니 이것이 그 날이니이다 하니 다윗이 일어나서 사울의 겉옷 자락을 가만히 베니라"(삼상 24:3-4)라고 하였다. 다윗의 부하들은 하나님이 말씀하셨다고까지 하면서 사울을 해치자고 한다. 부하들이 진짜 하나님의 말씀을 인용한 것은 아니다. 하나님 말씀이라고 해도

꿀꿀한 오늘이라도 주님의 기대로 살기

될 정도의 기회였기 때문에 "여호와께서 이르셨다"고 한 것이다.

다윗이 사울을 처치할 수 있는 기회가 사무엘상 24장과 26장에 두 번 나온다. 그때마다 부하들의 조언은 간곡했다.

> 다윗의 부하들이 낮은 목소리로 다윗에게 말했다. '믿어지십니까? 내가 내 원수를 내 손에 넘겨주겠다. 무엇이든 내 마음대로 행하여라' 하신 하나님의 말씀이 바로 오늘을 두고 하신 말씀입니다 …
> (삼상 24:4, 메시지).

> 아비새가 말했다. '드디어 때가 왔습니다! 하나님께서 장군의 원수를 장군께 넘겨주셨습니다. 제가 저 창으로 그를 찔러 땅에 박겠습니다. 한 번만 내리꽂으면 됩니다. 두 번도 필요없습니다!'(삼상 26:8, 메시지).

아비새는 "하나님이 이렇게도 역사하시네!"라고 감탄하면서, 사울을 제거하게 해달라고 간청하였다. 지금 제거하면 다윗의 억울함도 다 풀 수 있다. 도망 다니는 신세를 끝낼 수 있다. 그가 원하는 나라를 새롭게 이뤄갈 수 있다. 이 상황은 누가 보더라도 하나님이 주신 기회이다.

하지만 다윗은 부하들의 그런 간곡한 요청에도 불구하고 "자기 사람들에게 이르되 내가 손을 들어 여호와의 기름 부음을 받은 내 주를 치는 것은 여호와께서 금하시는 것이니 그는 여호와의 기름 부음을 받은 자가 됨이니라"(삼상 24:6)라고 선언한다. 다윗의 행동원리가 무엇이었는가? 하나님이 원하시는 일이 아님에도 불구하고, 상황이 자기 생각과 맞아떨어졌다고 해서 그 일을 하진 않겠다는 것이다. 그와 가까운 사람들이 자기를 염려해 주고 호의적으로 권한다 하더라도, 또 모든 상황이 순탄하게 진행되는 것처럼 보이더라도 그것을 최종 선택의 기준으로 삼지 않겠다고 하였다. 하나님이 말씀하신 것과 상황이 충돌하면 그의 기준은 언제나 하나님이다.

우리가 두 갈림길에 서 있을 때 하나님이 금하신 것의 여부를 분별하는 지혜가 있어야 한다. 상황이 우리를 떠밀어 주장하게 해서는 곤란하다. 상황의 좋고 나쁨이 우리가 판단기준이 된다면, 그것이야말로 실패의 지름길이 될 수 있다. 하나님은 선지자 요나에게 앗수르의 수도 니느웨에 가서 심판의 말씀을 전하도록 하셨다. 요나는 흉악한 앗수르 사람에게 가서 말씀 전하길 싫어했다.

그러나 요나가 여호와의 얼굴을 피하려고 일어나 다시스로 도망하려 하여 욥바로 내려갔더니 마침 다시스로 가는 배를 만난지라 …

꿀꿀한 오늘이라도 주님의 기대로 살기

배삯을 주고 배에 올랐더라(욘 1:3).

기가 막힌 타이밍이 요나에게 일어났다. 그리고 오직 그의 원함대로 진행될 것 같은 상황이 그를 주장하였다. 그러나 그 길은 실패의 길이요 하나님이 원하시지 않는 길이었다.

새롭게 사업을 시작하는 분이 있었다. 그는 저렴한 값으로 좋은 위치에 있는 사무실을 얻었다. 그 사무실 주변에는 좋은 분들, 특히 신앙생활 한다는 분들도 계셨다. 만나서 이야기 나누니, 매일 나오면 함께 기도로 하루를 시작하자고까지 하였다. 100%는 아니더라도 거의 모든 것이 마음에 착 달라붙었다. 단 한 가지만 빼놓고 말이다. 그 상가에서는 주일에도 계속 사무실 문을 열어야 한다는 조건이 있었다. 얼마나 많은 결실을 얻느냐, 얼마나 빨리 목표점에 도달하느냐, 얼마나 편할 수 있느냐가 신자의 추구할 바는 아니다. 다윗에게도 그런 갈등이 있었다. 하나님의 기회일지 모른다며, 하나님의 말씀과 다른 것을 선택하고 싶은 마음이 있었다. 그러나 상황이 우리를 밀어붙이지 못하도록 해야 한다. 상황의 유불리가 우리 길이 되지 않도록 주의하라. 예수 그리스도는 사람들의 호의 때문이거나 좋은 상황 때문이 아니라, 하나님 말씀을 따라 십자가의 길을 걸어가셨다. 상황의 피해자가 아니라 하나님 원칙의 헌신자가 되어야 한다.

그러나 다윗이 이런 원칙을 지킬 수밖에 없도록 만드는 근원적 힘이 무엇인가 살펴보아야 한다. 그렇지 않으면 다윗은 위대한 사람, 현명한 사람으로만 결론 낼 수 있기 때문이다. 다윗은 "옛 속담에 말하기를 악은 악인에게서 난다 하였으니 내 손이 왕을 해하지 아니하리이다"(삼상 24:13)라고 말한다. 악은 우발적으로 저질러지는 것이 아니라는 뜻이다. 악은 습관적으로 악행을 일삼는 자나 본성적으로 악한 자들에게서 나온다는 것이다. 즉 다윗은 악을 행하도록 유도하거나 촉발시키는 상황에서 기회주의적으로 행동할 수 없다고 하였다. 그는 유익이 될 것 같은 상황에 따라 행동하는 자가 아니다. 우발적 악행을 저지를 수 있는 상황이 와도 원칙을 지킬 수밖에 없는, 악행을 정화시키고 제압하는 힘이 자신 안에 있다는 것이다. 그것이 무엇이겠는가? 하나님의 은혜이다.

사울과 다윗의 차이점이 여기에 있다. 사울은 하나님 은혜가 없는 사람의 대표이고, 다윗은 하나님 은혜가 있는 사람의 대표이다. 세상적으로 볼 때, 사울은 모든 것을 다 가진 사람이었다. 가졌음에도 불구하고 빼앗고자 한다. 누리고 있음에도 불안하다. 심지어 하나님이 허락하지 않았다 할지라도 가지려 한다. 그것이 하나님 은혜가 없는 자들의 모습이다. 사무엘상 28장에서 사울은 블레셋 사람들과 전쟁을 치르기에 앞서 하나님의 뜻을 여쭈었다. 하지만 사울이 하나님을 떠났기 때문에, 하나님은 꿈으로도 우림으로

꿀꿀한 오늘이라도 주님의 기대로 살기

도 선지자로도 말씀해주지 않으셨다. 그러자 그는 신접한 여인, 즉 무당을 찾아갔다. 사울이 무당을 찾아갔다는 것이 무슨 뜻이겠는가? "하나님이 말씀해 주시지 않으면 나는 다른 방법, 다른 선택을 통해서라도 내가 원하는 것을 얻고야 말겠다"라는 뜻이다. 사울에게 요구되었던 태도는 전쟁의 승패 여부를 알기보다 하나님께서 자신에게 말씀해 주실 때까지 회개하고 돌이키는 모습이었다. 그러나 사울은 자기가 원하는 것을 얻고 왕위를 지키기 위해서라면 무엇이든 취하고 이용했다. 반면에 다윗에게는 하나님의 은혜가 있었다.

여호와께서는 나와 왕 사이를 판단하사 여호와께서 나를 위하여 왕에게 보복하시려니와 내 손으로는 왕을 해하지 않겠나이다 (삼상 24:12).

그런즉 여호와께서 재판장이 되어 나와 왕 사이에 심판하사 나의 사정을 살펴 억울함을 풀어 주시고 나를 왕의 손에서 건지시기를 원하나이다 하니라(삼상 24:15).

다윗은 하나님만이 판단자이시며 갚으시는 분이며 억울함을 풀어주시는 분이시며 건지시는 분이라는 고백이다. 자신의 운명은 사울이 아니라 하나님께 달려 있다는 것이다. 다윗의 고백은 하나님이 주지 않으시면 받지 않겠고, 하나님이 주시는 것이라야 받겠다는 다짐이다. 다윗에게 왕권은 쟁취하고 지키는 것이 아니라, 하나님께 받는 것이었다.

그래서 다윗의 망명 생활은 전혀 정치적이지 않았다. 일반적으로 망명 생활은 반대 세력을 무너뜨리기 위해 자기 세력을 규합하는 기회가 된다. 다윗에게는 오히려 목적 없이 떠도는 부랑자의 생활에 가까웠다. 사울이 쫓아오면 도망하고 숨고 피하였다. 그러다가 사울을 없앨 기회를 만났을 때도 그를 놓아준다. 일반적으로 힘 있는 사람이 힘 없는 자를 놓아주고 봐주지만, 다윗과 사울의 경우는 정반대이다. 권세 없고 쫓기는 다윗이 권세 있고 쫓는 사울을 봐준다. 다윗이 사울과 비교해서 월등한 도덕성이나 인격을 가졌기 때문이 아니다. 사울을 놓아줄 수밖에 없는 하나님의 은혜가 다윗에게 있기 때문이다. 사울은 스스로 주장하고 스스로 지키는 자이나, 다윗에게는 하나님의 은혜가 주장하신다.

> 다윗이 광야의 요새에도 있었고 또 십 광야 산골에도 머물렀으므로 사울이 매일 찾되 하나님이 그를 그의 손에 넘기지 아니하시니라 (삼상 23:14).

꿀꿀한 오늘이라도 주님의 기대로 살기

다윗의 삶을 살게 하시는 분은 하나님이시다. 다윗이 되어야 하는 것이 있다면 하나님이 되게 하신다. 그가 이르러야 할 목표점이 있다면 하나님이 이르게 하신다. 다윗이 이루어야 할 것이 있다면 하나님이 이루도록 하신다. 그가 도달하고 이루고 얻어야 하는 것이 있는데 사울 때문에 방해 받는 것이 아니다. 방해 되니까 사울을 죽여야만 취할 수 있는 것이 아니었다. 복수심보다도 증오보다도 더 큰 하나님의 은혜가 다윗을 덮고 있었다는 말이다. 그것이 다윗으로 상황 논리에 빠져 들지 않고 사람에 흔들리지 않으며 하나님의 원칙을 따를 수 있는 원동력이었다. 그가 해야 할 일은 사울을 피하면서 놓아주는 일이고, 자기 길을 가게 하시는 하나님을 따르는 일이었다. 물론 다윗은 쫓기는 신세로 초라하게 보인다. 그를 따르는 사람들은 억울하고 마음이 상하고 형편없는 자들뿐이어서, 미래가 없어 보이기까지 한다. 그럼에도 사울을 놓아줄 수 있었고 축복할 수 있었다.

사람들은 흔히 상황에 자신을 구속시킨다. 그리고 상황이 자신을 이렇게 만들었다며 상황을 자기 도피처로 삼아 숨는다. 가정과 부모, 나라, 주변 사람 때문이라는 말을 수없이 듣는다. 결론적으로 이렇게 할 수밖에 없었다는 것이다. 신자인 우리가 이렇다면 전혀 성경적이지 못하다. 하나님의 은혜가 머물고 있고, 그 은혜의 크기와 능력을 안다면 이럴 수가 없다.

우리가 예수 십자가보다 어려운 짐을 지고 있는가? 예수께서 당하신 수치와 모욕과 곤고함보다 더한 것을 겪고 있는가? 하나님은 예수 십자가에서 부활생명을 이뤄내셨다. 하나님의 은혜가 이렇다. 불가능한 것에서 가능과 소망을 이뤄내신다. 그렇다면 우리가 상황 때문에 어쩔 수 없었다는 것은 은혜의 사람으로 적합한 모습은 아니다.

마야 안젤루(Maya Angelou)는 세계적인 명성의 시인이며 영화배우이다. 그녀는 1993년 흑인 최초로 빌 클린턴 대통령 취임식 때 '아침의 고동'이라는 시를 헌시했다.

- 마야 안젤루의 '아침의 고동'(On the Pulse of the Morning) -

얼굴을 높이 들라

찬란한 아침을 보고 그대의 소명을 알게 될지니

통절한 고통도 아랑곳없이,

역사란 일신될 수 없는 것이지만,

용기를 갖고 맞서면,

새로운 삶을 살 수 있을지니

… ….

꿀꿀한 오늘이라도 주님의 기대로 살기

그녀는 일곱 살 때 추행을 당해 6년 동안 말문을 닫고 자랐다. 그러나 좋은 선생님들을 만나 말문이 열리고 위대한 시인이 되었다. 그 선생님들 중 프레드릭 월크슨 선생님이 계셨는데, 프레드릭 선생님은 안젤루에게 한 책의 마지막 단락 "하나님은 나를 사랑하신다"는 부분을 계속 읽으라고 시켰다. 처음 안젤루는 빈정대듯이 읽었다. 그렇게 일곱 번째쯤 반복했을 때, 하나님의 사랑과 은혜의 웅대함 앞에 울음을 터뜨리고 말았다. 안젤루는 그 은혜가 자신을 붙들고 있다면 두려움이 자신을 지배할 수 없고, 놀라운 일을 할 수 있으며 큰일을 시도하고 무엇이든 배우고 이룰 수 있겠다는 생각이 들었다. 안젤루는 더 이상 상황의 사람이 아니라 은혜의 사람이 되었다. 그리고 은혜의 사람으로 자기 길을 살게 되었다.

당신은 누구인가? 내가 믿기론 그대는 하나님의 사랑 받는 자이다. 그렇다면 "누구 때문에, 무엇 때문에 못했다, 못하겠다, 할 수 없다", 이런 말을 말아야 한다. 무엇이든 할 수 있다, 혹은 무엇이든 될 수 있음을 말하려는 것이 아니다. 하나님의 은혜는 우리가 겪는 상황보다 훨씬 더 크고 능력이 있다. 상황이 아니라 하나님의 은혜가 상황을 지배한다. 바위 같은 낙담의 상황에서도 하나님의 은혜가 그대를 이끌어간다. 이 사실을 믿으라. 열악한 조건에서도 상황을 제압하는 은혜의 원리를 따르겠다고 다짐하라.

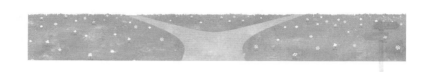

세 번째 이야기

더 좋은 것이 아니라 더 필요한 것을 취하라

📖 빌 1:19-26

　　명확한 것보다 애매모호한 것들이 더 많은 삶 속에서, 우리는 명쾌한 기준을 바란다. 그때 애정남이 나타나서 정리해준다. 신자들에게도 명확하게 정리해주었으면 하는 것들이 있다. 십일조는 얼마를 해야 하는지 알겠는데, 감사헌금이나 절기헌금은 얼마가 적합한지 잘 모른다. 특별한 기준이 없다. '정성껏', '힘에 부치도록'이라는 조언으로는 부족하다. 또 예배 시간에 졸았는데, 살짝 죄책감이 든다. 어디까지 예배를 드렸다고 말할 수 있는지 정리하기가 어렵다.

　　신앙생활도 모호하다. 신자인 우리가 '좋고 나쁨'에 따라 선택해야 한다면, 좋은 것을 고르면 되므로 선택에 어려움이 없다. '하나님의 뜻'을 알려준다면 그대로 따를 수도 있다. 그러나 '선악'이나 '좋고 나쁨'으로 구별할 수 없을 때, 둘다 받아들일 수 있지만 '하

　　　　　　　　꿀꿀한 오늘이라도 주님의 기대로 살기

나님의 뜻'을 모를 때라면 선택이 쉽지 않다.

바울 역시 좋고 나쁘다는 것으로 구별할 수 없는, 둘 다 괜찮은 갈림길에 있었다. 그가 무엇을 선택했는지에 앞서 그의 삶을 주장하는 원리를 보아야 한다. 그래야 바울이 왜 그런 선택을 했는지 알 수 있다. 바울은 "… 살든지 죽든지 내 몸에서 그리스도가 존귀하게 되게 하려 하나니 이는 내게 사는 것이 그리스도니 죽는 것도 유익함이라"(빌 1:20b-21절)라고 하였다. 그의 삶의 원리는 "내 안에 그리스도께서 사는 것"이며 "그리스도가 존귀하게 되는 것"이었다. 그리스도를 떠나서는 그에게 삶의 의미나 목적을 찾을 수 없다. 그리스도가 삶의 주권자, 주인이 되셨다. 예수 그리스도께서 그를 다스리신다. 바울은 "자기 삶이 그리스도께 양도 되었다", "그의 손에 맡겨졌다"라고 말한다. 그의 생사, 비전, 인생을 다스리는 분은 주님이시다. 주님께만 그럴 자격과 능력이 있으시다.

그의 생애를 주관할 수 있는 것은 예수님 외에 아무도 없다. 바울은 지난날 자기의 옳음, 종교적인 열정과 영향력 있는 인물이 되려는 야망, 민족의 우월성에 따라 살았다. 그것들이 그에겐 가장 중요했고, 그것들이 그를 주장했다. 그러나 예수 그리스도를 만난 후, 이렇게 고백한다.

그 때는 이 모든 것이 내게 너무나 소중하고 가치 있는 것들이었습니다. 그러나 예수 그리스도를 만난 이후, 그 모든 것이 아무 쓸모없는 것임을 알았습니다. ⋯ 내가 율법을 지켜서 하나님께 구원을 얻은 것이 아닙니다. 하나님은 내 믿음을 보시고, 나를 의롭다 하시며 자녀 삼아 주신 것입니다(빌 3:7-9, 쉬운성경).

이제 그는 더 이상 사람과 환경과 사건에 따라 이리저리 움직여야 하는 희생물이 될 수 없다. 예수 그리스도가 그의 주인인 까닭에 인생에서 일어나는 어떤 것도 그를 희생자로 만들 수 없다. 예수가 다스리시고 예수께 삶을 의탁한 바울에게 어떤 횡포도 행사할 수 없다.

자, 보라. 지금 바울은 복음을 전하다가 로마 감옥에 갇혀 있다. 그러나 이 일로 빌립보 교회에 두 부류가 생겨났다. 한 부류는 바울의 투옥으로 도전 받아 담대하게 말씀을 증거하였다. 그들은 선한 뜻과 사랑과 진리로 바울에게 힘이 되었다. 그러나 또 다른 부류는 투기와 분쟁 곧 이기적인 야망으로 복음을 증거하였다. 빌립보서 1장 17절에 "그러나 어떤 사람들은 내가 사라지자, 이 일에서 뭔가를 얻으려는 탐욕스런 마음으로 이 일을 합니다. 그들은 악한 동기로 행하는 것입니다. 그들은 나를 경쟁자로 여기고, 나의 상황이 악화될수록 자신들의 상황은 더욱 나아진다고 생각합니다"

(빌 1:17, 메시지)라고 하였다. 악한 동기로 복음 전하는 자들은 "바울만 복음 전할 수 있는 것이냐, 그가 없어도 얼마든지 잘 할 수 있다는 것을 보여 주자, 바울의 인생은 끝났다"는 것이다. 빌립보 교회는 바울이 개척한 교회이다. 그럼에도 그들 중 일부가 바울을 폄훼한다. 이런 사람들에 대한 바울의 반응을 보라.

> 그렇지만 어떻습니까? 거짓된 마음으로 하든지 참된 마음으로 하든지, 어떤 식으로 하든지 결국 그리스도가 전해지는 것입니다. 나는 그것을 기뻐합니다. 앞으로도 또한 기뻐할 것입니다 (빌 1:18, 표준새번역).

바울은 이렇게 말하는 것이다.

"그들은 나를 괴롭게 하려고 복음 증거하는 일에 열심을 내지만 괜찮다. 어쨌든 그리스도가 증거되고 주님이 영광 받으시게 되니, 그것은 나에게도 좋은 일이다. 이 일까지도 그리스도께서 맡아 주관하시는 것이다."

악한 동기의 사람들이나 그가 처한 환경이나 바람과는 다르게 일어난 사건들이 그를 희생자로 만들려고 한다. 그럴만할 때 그는 단호히 거부한다. 오히려 그의 눈이 아니라 그리스도의 눈으로 사건과 사람과 일을 해석하고 있다. 그리고 기뻐할 수 있다고 말한다. 이유가 무엇인가? 그리스도께 양도된 삶, "내 안에 그리스도께서 사는 것"이 그의 삶의 원리요 실제이기 때문이다. 주님이 그와 세상을 다스리신다. 주님은 모르지 않으신다. 주님은 선하시다. 사람이나 사건이나 환경이 그를 희생자로 삼을 수 없었다.

"나는 장애인인 것이 자랑스럽다"라고 말하는 사람이 있다. 슈퍼보이 이승복 형제이다. 그는 체조 선수로 연습 도중, 사고로 사지마비가 되었다. 그러나 장애를 이겨내고 세계 최고인 존 홉스킨 병원의 재활의학 주치의가 되었다. 미국에서 사지마비 장애로 의사활동을 하는 사람은 이승복 외에 거의 없다. 그는 여러 종류의 장애인들에게 도전이 된다. 삶의 의욕을 불어넣어주는 희망 메신저가 되었다. 그는 장애를 극복한 비결이 하나님의 은혜라고 하면서 "…나의 여러 약한 것들에 대하여 자랑하리니 이는 그리스도의 능력으로 내게 머물게 하려 함이라 … 내가 약할 그 때에 곧 강함이니라"(고후 12:9, 10)고 하였다. 그리스도가 그 안에 머물러 주인 되심을 보았고 알았고 믿었.다. 그를 다스리는 것은 오직 주님이시다. 일어난 일의 희생자가 될 수 없었다. 우리를 다스리는 것은 사람이나 환경이나 사건이 아니다. 주님이심을 온전히 믿어 바울과 같이 "내 안에 그리스도께서 사신다"는 삶의 고백이 있어야겠다.

바울의 삶의 원리는 "내게 사는 것이 그리스도니"(빌 1:21)이다. 예수 그리스도가 그의 주인이시다. 바울에게 가장 유익한 것을 아는 분도 예수님이시다. 그러니 바울이 "이는 내게 사는 것이 그리스도니 죽는 것도 유익함이라"(빌 1:21)라고 고백한다. 바울은 복음 증거하다 소란죄로 붙잡혀 로마 감옥에 갇혀 있다. 그는 감옥에서 석방되거나 처형당할 수 있는 상황에 놓여 있었다. 그런 상황이다. 그런데 바울은 "내가 그 둘 사이에 끼었으니 차라리 세상을 떠나서 그리스도와 함께 있는 것이 훨씬 더 좋은 일이라 그렇게 하고 싶으나"(빌 1:23)라고 하였다. 그냥 자포자기, 현실 도피의 심정으로 이렇게 말하는 것이 아니다. "싶다"라는 말은 요한일서에서는 "정욕"으로 번역된 단어이다. 그러니까 어떤 욕망을 이루기 위해 간절하다는 뜻이다. 바울에게는 부활 생명이신 예수님과 영원히 함께 거하는 일이다. 그에게 부정한 욕망이 아니라, 올바른 것들에 대한 거룩한 욕망이 있었다.

우리는 때로 주님이 함께 계시며 동행하신다는 은혜를 체험하지만, 그러한 은혜는 영구적이지 않고 일시적이다. 바울은 영원한 영광을 주님과 함께 누리기 원했다. 주님은 어떤 것들이라도 선과 유익으로 만드시는데, 저주와 부끄러움의 십자가 죽음까지도 부활 생명, 부활 영광으로 변화시키셨다. 따라서 신자에게 죽음은 혐오할만한 것이 아니다.

이 자녀들은 모두 살과 피를 가진 사람이기 때문에, 예수님도 그들과 같은 모습으로 사람들이 겪는 것과 똑같은 것을 겪으셨습니다. 예수님께서는 죽음의 권세를 가진 마귀를 멸망시키기 위하여 죽으셨고 또한 죽음에 대한 두려움에 사로잡혀 사는 사람들을 자유롭게 하기 위해 사람과 같은 모습으로 죽으셨습니다(히 2:14-15, 쉬운성경).

죽음은 원래 죄인들에게 내려진 하나님의 심판을 의미했다. 그러나 예수 그리스도의 부활로 신자에게는 천국으로 들어가는 문과 같다. 그것 자체가 종착지가 아니다. 주님과 함께 영원한 즐거움에 있는 것이 신자의 종착지이다. 그것은 영광의 최고 절정이라고 표현할 수도 있다. 죽음은 그리스도인에게 아무런 위세도 부리지 못하고 겁도 주지 못한다. 그래서 신자는 독일인이었으나, 푸른 눈을 가진 조선인이라 불리었던 서서평 선교사님처럼 "천국에서 만납시다"라고 말할 수 있다.

C. S. 루이스(Clive Staples Lewis) 역시 신자에게 굿바이란 인사는 없다고 하였다. 신자는 영광의 최고 절정의 자리에서 만날 것이기 때문이다. 바울이 그러했다. 그는 다메섹 도상에서 부활 영광의 주님을 만났다. 그것은 잊을 수 없는 사건이며 바울에게 사명이 되었다. 또한 바울은 삼층 천에도 다녀왔다고 하였다.

내가 그리스도 안에 있는 한 사람을 아노니 그는 14년 전에 셋째 하늘에 이끌려 간 자라 [그가 몸 안에 있었는지 몸 밖에 있었는지 나는 모르거니와 하나님은 아시느니라] … 그가 낙원으로 이끌려가서 말로 표현할 수 없는 말을 들었으니 사람이 가히 이르지 못할 말이로다(고후 12:2,4).

이 세상을 빨리 떠나고 싶은 바울의 소망은 현실도피가 아니라 거룩한 욕망이다. 23절에 "떠나다"라는 말 역시 천막을 걷고 승리의 귀향 행진을 하는 군인을 묘사한다. 전쟁은 승리로 끝났다. 이제 천막을 거둬 사랑하는 가족 품과 고향으로 돌아가는 일만 남았다. 또한 온종일 힘들게 일한 소의 멍에를 벗겨주어 쉬게 해 주는 것을 말하기도 한다. 고향으로 돌아가고 안식 얻길 원하는 것을 현실 도피라고 하지 않는다. 신자에게 최고 절정의 영광은 아직 남아 있다. 주님 안에서 영원한 영광을 누리는 일이다. 이 세상에서 놀라운 영광을 얻었다 할지라도 그것은 우리가 얻을 영광에 비하면 새발에 피다. 결코 이 세상의 것으로 만족하거나 교만할 수 없다. 그러니 바울은 죽는 것도 유익하며 자신은 그 편이 "훨씬, 훨씬, 훨씬 더 좋은 일이다"(빌 1:23)라고 하였다.

하지만 바울의 진짜 선택은 이렇다.

> 이 세상에서 그만 육신의 장막을 걷고 그리스도와 함께 있고
> 픈 마음이 간절합니다. 어떤 날은 정말 그러고 싶은 마음뿐이지
> 만, 여러분이 겪고 있는 일이 있으니 내가 이 세상에서 끝까지 견
> 디는 것이 더 낫겠다는 확신이 듭니다. 그러므로 나는 하나님
> 을 신뢰하는 이 삶에서 여러분의 성장과 기쁨이 지속되도록, 여
> 러분의 동료로 여러분 곁에 좀 더 머물러 있으려고 합니다. 내
> 가 여러분을 다시 방문하는 날, 멋진 재회를 기대해도 좋습니
> 다. 그날에 우리는 그리스도를 찬양하며 서로 기뻐할 것입니다
> (빌 1:23-26, 메시지).

바울은 갈림길에서 더 좋은 일이 아니라 더 필요한 일을 취하겠
다고 하였다. 주님께서 바울에게 세상에 남으라고 하셨는지, 아니
면 바울이 남아 있게 해달라고 구했는지는 모르겠다. 어쨌든 바울
의 의지는 분명하다.

그는 이기주의자도 기회주의자도 아니다. 교회를 위해 그 정도
했으면 됐다고 인정할 만하다. 주님 만나는 편이 바울에게는 너무
좋은 일이며 지복의 기쁨을 얻는 길이다. 그러나 최고 영광의 절
정 누리는 것을 뒤로 미뤘다. 믿음이 흔들리는 영적 자녀들을 생각

했다. 그들은 바울의 투옥으로 퀴리오스 주님이신 예수께서 로마 황제 가이사 퀴리오스보다 더 약한 것은 아닌가, 예수 그리스도의 주권에 회의를 가지며 패배 의식으로 약해질 수 있는 위기에 놓여 있었다. 바울은 그들을 더 견고히 세워야 할 필요가 있어, 그들 곁에 더 머물러 있겠다고 하였다. 바울 주변에는 안쓰러운 신자들만 있는 것이 아니다. 약하면서 악한 사람들이 있다. 바울을 순순히 따르는 사람만 있는 것이 아니라 반대하고 짜증나게 하는 사람들이 있다. 그러나 그들의 믿음을 세우기 위해서라면, 사는 고난이 있을지언정 자신을 더 필요로 하는 일에 있겠다고 결심한다.

　신자에게는 사는 것이 더 큰 고난일 수 있다. 그러나 이 세상에 남아 있는 것은 하나님께서 필요한 일에 있으라고 하셨기 때문이다. 우리는 어떤 식으로든 얽히고설킨 관계 속에 살아간다. 그 속에서 우리는 신자의 삶을 살아가야 한다. 그것이 우리에게 더 필요한 위치이다. 최근 들어 방송이고 책이고 강의 등에서 결혼한 여성에게는 여자로 살라든지 결혼한 남성에게는 남자로 살라는 이야기를 듣는다. 멋있는 말 같지만, 위험한 주장이다. 결혼하면 여성은 아내요 어머니로 살아야 한다. 여성성, 혹은 남성성을 부정하라는 뜻이 아니다. 결혼한 남성은 남편이요 아버지로 살아야 한다. 그것이 자기 인생에게 주어진 의무이며 필요한 역할이다. 결혼하지 않은 자녀들 같으면, 부모의 자녀로 살아야 하고 형제 관계에서 살아야 한다.

또한 어떤 사람들은 진보 정권이냐 보수 정권이냐에 따라 이민 가겠다고 말하기도 한다. 예수 모르는 사람은 그렇게 할 수 있다. 그러나 "내게 사는 것이 그리스도니"라고 고백하는 신자에게는 올바르지 않다. 그 시대의 짐을 져야 한다. 그 시대가 요구하는 십자가를 짊어져야 하는 것이 신자의 모습이다. 그 나라와 시대 속에 있기 때문에 오는 시련과 아픔 속에 함께 있어야 한다. 하나님께서 우리에게 기대하시는 바는 더 좋은 것이 아니라 더 필요로 하는 것을 취하는 것이기 때문이다. 사울은 하나님 나라, 하나님 통치가 아니라 자기 나라, 자기 왕권을 세우려고 했다. 그래서 그의 왕권 수호에 가장 위협적인 다윗을 죽이려고 하였다.

그에 반해 사울의 아들 요나단은 다윗을 보호해준다. 그는 하나님을 경외하는 자였다. 다윗이 이스라엘의 왕이 될 것도 알고 있었다. 그렇다고 해서 요나단이 아버지 사울을 떠나 다윗을 따라다니며 사울을 대항하지 않았다. 미치광이 아버지 사울과 끝까지 함께 있었고, 사울과 함께 전쟁터에서 죽었다.

우리도 그렇게 할 수 있다. 이유가 무엇인가? 죽는 것도 유익하게 만드실 수 있는 주님이시라면, 십자가 죽음을 부활 영광으로 이뤄내신 주님이시라면, 주님 나라를 고대하며 살아가는 이 고단한 삶 역시 유익하게 만드실 수 있기 때문이다. 죽음조차 우리를 향해

꿀꿀한 오늘이라도 주님의 기대로 살기

위세 부릴 수 없고 겁박할 수도 없다면, 또 예수님의 갈보리 죽음과 부활을 믿는다면, 어떤 일이 일어나도 우리에게 유익하다. 그러니 두려움을 떨쳐내어 이것이 좋을까 저것이 좋을까 우왕좌왕하는 것을 멈추라. 더 좋은 것, 더 행복할 수 있는 것이 아니라 더 필요한 것을 취하라. 고난이 있어도, 명쾌하지 않고 불투명하여도 자신이 필요한 곳에 가라. 그 일을 하라. 주님이 이 땅에 있게 해 주실 때까지 필요로 하는 곳에서, 사람을 세우며 기꺼이 그들과 함께 살아가겠다는 다짐이야말로 은혜로운 결단이다.

네 번째 이야기

감정 따라 실망 말고, 사명 따라 충성하라

📖 마 26:36-46

조쉬 맥도웰은 알콜 중독자의 자녀이면서 회의론자였다. 하지만 하나님의 은혜로 탁월한 기독교 변증학자가 되어 지성인들에게 변증적 메시지를 전하고 있다. 그는 성경과 자신의 경험을 바탕으로 관계에 대하여 이렇게 말하였다.

① 우리는 깊고 영속적이고 만족스러운 관계를 갈망한다.

② 우리는 자기 자신보다 더 큰 어떤 뜻을 찾고, 추구하고, 그 뜻을 위해 살아야 할 존재로 창조 되었고, 그렇게 프로그램 되었다.

이것이 바로 하나님의 형상으로 창조되었다는 말의 의미이기도 하다. 우리가 생각하고 느끼고 행동하는 방식을 결정지어서 세상에 대한 기본 인식을 형성시키는 한 가지, 일련의 요소가 있다.

꿀꿀한 오늘이라도 주님의 기대로 살기

나는 사랑받을 만한 가치가 있는가?

다른 사람들이 나를 사랑해 줄 수 있는가?

인지적으로, 정서적으로 이 두 질문에 어떻게 대답하느냐 하는 것이 타인과의 관계에 대한 핵심 믿음을 형성하는 토대다.

우리 주변에서 종종 일어나는 자신이나 타인을 해치는 일, 어느 단체가 사회나 나라와 민족을 공격하는 일 등은 조쉬 맥도웰이 말한 깊은 관계의 갈망에서 비롯된 경우가 많다. 가정, 학교, 직장, 나라에서 이와 같은 고통으로 극단적인 선택을 하기까지 한다. 누군가로부터 배척 당하거나 공동체에서 분리되는 것은 죽음과 전쟁을 불사할 정도로 심각한 문제임을 알 수 있다. 그것은 사회적 죽음, 혹은 정신적 죽음과 같기 때문이다.

예수님께서 이와 같은 일을 겪고 계셨다. 모든 사람이 자신에게서 떠나간다. 영광 받으셔야 할 주님께서 오히려 죄인들에게 배척 당하셨다. 이 장면에 앞서 예수님은 마태복음 26장 31절에서 "그때에 예수께서 제자들에게 이르시되 오늘 밤에 너희가 다 나를 버리리라 기록된 바 내가 목자를 치리니 양의 떼가 흩어지리라 하였느니라"라고 하셨다. 제자들이 예수님을 팔고, 버리고, 부인함으로써 흩어지게 된다는 말씀이다. 그들은 예수님께 일어나는 일로 실망하고 걸려 넘어질 것이다. 결국 가룟 유다뿐만 아니라 나머지 11명의 제자도 예수님을 배신한다.

제자들은 정치적인 메시아를 기대하였다. 로마 제국의 압제로부터 벗어나 자유한 나라, 유대민족 발아래 모든 민족을 굴복시키는 위대한 나라를 만들 수 있는 정치적 메시아를 기다렸다. 그런 기대를 한 몸에 받았던 분이 예수님이셨다. 하지만 가장 중요한 순간에 예수님은 무기력하게 로마 권세와 종교 지도자들에 의해 붙잡혀 십자가에 죽으리라는 말씀을 하셨다. 예수님의 공생애 초기에는 바리새인들에게도 많은 관심을 받기도 하셨다. 예수님의 말씀이 그들 사상과 비슷했기 때문이다. 시간이 지나자 바리새인들은 예수님이 그들 생각과 다르며 함께 갈 수 없다는 것을 알게 된다. 그러자 사상적으로 대치 관계에 있었던 헤롯 당원들, 사두개인들과 손잡고 예수님을 죽이고자 하였다. 이들만이 아니다. 예수님이 자기들의 기대에 맞지 않다고 하여 적대관계 있었던 자들이 서로 우호적인 관계가 된다.

헤롯과 빌라도가 전에는 원수였으나 당일에 서로 친구가 되니라 (눅 23:12).

그들은 예수님을 죽이기 위해 친구가 된 것이다.

꿀꿀한 오늘이라도 주님의 기대로 살기

예수님의 시대에는 신앙 사상에 따라 여러 분파가 있었다. 하지만 예수님은 그들 분파 중, 어느 그룹으로부터도 환영 받지 못했다. 그 사회로부터 철저히 배척 당한 아웃사이더였다. 그렇다고 사회적 약자들에게 다른 대접을 받으셨던 것도 아니다. 민중도 처음에는 환호와 존경을 보냈지만, 예수님의 공생애 후반기로 갈수록 민중 역시 예수님을 떠난다. 그들은 예수님의 말씀과 행하심을 보고 칭송하던 자들이었다. 하지만 그들 기대와 다르자, 떠나고만다. 그리고 종교 지도자들을 따라 예수님을 십자가에 못 박으라며 그들 죄를 자기들과 자기 후손의 머리에 돌리라고 외치는 어리석은 자들이 된다.

종교 지도자들, 다양한 분파들, 민중들은 그렇다 치더라도, 3년 동안 동고동락하며 가르쳐 왔던 제자들은 어땠을까? 예수님의 말씀에 그들조차 예수님을 팔고 버리고 부인함으로써 흩어진다고 하셨다.

베드로와 세베대의 두 아들을 데리고 가실새 고민하고 슬퍼하사 이에 말씀하시되 내 마음이 매우 고민하여 죽게 되었으니 너희는 여기 머물러 나와 함께 깨어 있으라(마 26:37-38).

마가복음에는 "심히 놀라시며 슬퍼하사"(막 14:33)라고 함으로써 예수님의 내면의 상태를 더 깊게 묘사하고 있다. 예수님은 지금 극심한 불안과 근심에 있다. 종잡을 수 없을 만큼 깊은 슬픔에 쌓여 있다. 예수님의 인성을 생각할 때, 십자가의 고난은 하나님의 사랑과 선하심을 의심하도록 유혹 받을 수 있는 순간이다. 누구도 예수님의 고난에 함께 할 수는 없다. 제자들이 예수님의 고난에 동참할 수는 없지만 인간적인 연민과 격려로써 제자들이 가까이 있어주기를 당부하셨다. 특히 베드로, 야고보, 요한이 주님 곁에 있어 위로가 되어주길 바라셨다. 38절의 "함께"라는 말은 스승과 제자 사이의 긴밀한 관계성을 강조하고 있다. 그런 기대를 할 만한 관계라는 뜻이다. 그만큼 주님은 간절하셨으며 괴로우셨다. 그러나 주님의 간절한 바람과는 달리 제자들은 깊은 잠에 빠져 있다.

> 제자들에게 오사 그 자는 것을 보시고 베드로에게 말씀하시되 너희가 나와 함께 한 시간도 이렇게 깨어있을 수 없더냐(마 26:40).

예수님이 기도하시는 자리로부터 제자들이 있는 곳까지는 매우 짧은 거리였다. 누가는 "그들을 떠나 돌 던질 만큼 가서"(눅 22:41)라고 했는데, 약 30m-50m의 매우 짧은 거리임을 말한다. 곧 예수님이 신음하는 기도, 괴로움으로 요동하는 심정의 기도를 또렷이

들을 수 있었다는 말이다. 그럼에도 그들은 퍼져 자고 있었다. 제자들은 앞다퉈 예수님을 부인하는 일이란 결단코 없다고 다짐하였다. 그러나 그런 다짐은커녕 주님 곁에 깨어 함께 있어드리는 것조차도 할 수 없는 무능력함, 인간 다짐의 허망함을 보여 준다.

신자로 살아가면서 겪는 가장 큰 어려움이라고 하면 무엇이겠는가? 자기 곁에 아무도 없다는 고독감이다. 자신은 거룩한 일을 도모한다. 하나님의 뜻이 하늘에서처럼 땅 위에서도 이루어지기를 소망한다. 하지만 품고 있는 거룩한 열망과는 달리 자신은 다른 사람들로부터 소외당한다. 이해해 줄 법한데 이해받지 못한다. 곁에 있어 줄 것 같은데 곁에 없다. 엄청난 것을 바라는 것도 아닌데, 무기력한 반응만을 얻는다. 어떻게 우리가 겪는 일들을 예수님의 고난과 비교할 수 있겠는가? 그럴 수는 없다. 하지만 이와 비슷한 상황에 처할 수는 있다. 거룩한 열망을 싸늘하게 식어 버리게 하는 절대적 소외감에 사로잡힌다. 바로 그때 우리는 우리 길을 잃어버릴 가능성이 있다. 유혹 받아 미끄러질 위험이 있다. 하나님의 뜻이 아니라 내 뜻을 구하기도 한다. 내 잔이 아니라 다른 잔을 마시기도 한다. 그 자리를 떠나 있지 말아야 할 곳에 가 있기도 한다. 이성이 아닌 감정에 지배 받아 풀리지 않는 혼란 속에 갇혀 있기도 한다.

이런 순간에 예수님이 남의 길이 아닌 자기 길을 택할 수 있었던 것을 보라. 먼저 예수님은 하나님과의 관계에 집중하신다. 예수님이 하나님을 어떻게 부르고 계시는가? 39절과 42절에 "내 아버지여" 하신다. 마가복음에서는 "아빠 아버지여"(막 14:36)라고 함으로써, 예수님과 하나님과의 친밀한 관계를 말해 준다. 이것은 예수께서 바라볼 수 있는 최선의 대상이 오직 하나님 밖에 없음을 나타낸다. 예수님은 강력한 고독감과 철저히 배척당했다는 소외의식에도 불구하고 하나님과의 관계는 손상될 수 없다는 사실을 보았다. 지독한 절망에 있다 하더라도 자기 길이 아닌 다른 길을 택하지 않고, 자기 잔이 아닌 다른 잔을 마시지 않을 수 있는 힘이 여기에 있다. 곧 변할 수 없는 하나님과 친밀한 관계 속에 자신이 있음을 바라보고 의지하는 것이다.

다윗은 시편 27편 8절에서 "너희는 내 얼굴을 찾으라 하실 때에 내가 마음으로 주께 말하되 여호와여 내가 주의 얼굴을 찾으리이다 하였나이다"라고 하였다. 하나님께서 "너는 내 얼굴을 찾으라"라고 하시니, 다윗은 바로 "네, 하나님. 제가 주님 얼굴을 찾겠습니다"라고 한 것이다. 그러면 다윗이 이렇게 하나님의 얼굴을 찾던 때가 어느 때였는가?

꿀꿀한 오늘이라도 주님의 기대로 살기

내 아버지와 어머니는 나를 버리고 떠났지만, 하나님께서는 나를 맞아들이셨습니다(시 27:10, 메시지).

"내 아버지와 어머니가 나를 버렸다는 말은 너무 힘들어 그만 관두고 싶다"라는 정도의 수준이 아니다. 보호막의 최후 보루가 부모이다. 그러니 그 최후 보루로부터 버림받았다는 것은 절대 소외, 어떤 도움도 받을 수 없는 최악의 상태이다. 그때 하나님 말씀 따라 하나님의 얼굴을 찾았다는 것이다. 그것이 철저한 차단, 공포심, 두려움을 이겨낼 수 있는 탁월한 선택이었다. 자기 기대에 따라 소외시키는 사람이 아니라, 소외시킬 수 없는 하나님을 바라보는 것이야말로 승리의 지름길이다.

마약과 전쟁에 대해 영국의 저널리스트인 요한 하리는 중독이 약물이나 나약한 정신 때문이 아니라 소외에서 온다고 하였다. 그는 그 근거로 브루스 알렉산더 교수의 쥐 실험을 예로 들었다.

아무 것도 없는 "쥐 감옥"의 쥐들은 마약인 헤로인 성분의 물을 탐닉한다. 그러나 넓고 놀 것이 많은 "쥐 공원"의 쥐는 마약 물 대신 일반 물을 먹는다. 국민 1%가 마약 중독자인 유럽의 최빈국인 포르투갈은 중독자들을 격리시키는 대신, 사회와 재결합할 수 있도록 했다. 그러자 10년만에 마약 중독자의 비율이 현격하게 줄어들었다. 마약이 합법화임에도 말이다. 따라서 중독은 약물이 아니라 소외된 생활 방식 때문이었다. 중독이라는 잘못된 선택을 막을 수 있는 길은 건강하고 밀접한 관계를 맺어가도록 애쓰는 것이다. 우리도 이와 같은 상황에서 아무도 나를 몰라주고, 내가 하는 일이 소용없는 일이라며 자기 길대신 안도감을 줄 수 있는 무언가를 찾을 수 있다. 하지만 모든 공포와 두려움과 불안을 이겨낼 수 있는 하나님 안의 자신을 발견해야 한다. 사람이 채워줄 수 없는 것을 사람에게 구하면 낭패이다.

예수님이 그런 모범을 보여 주셨다. 예수님은 무엇을 행하시기 전, 하나님 안에 있는 자신을 먼저 확인하셨다. 성령에 이끌려 광야로 나가 마귀로부터 시험받으실 때도, 먼저 주님은 하나님으로부터 "이는 내 사랑하는 자요 내 기뻐하는자라"(마 3:17)라는 말씀으로 확정받으셨다. 예수님의 모든 행사가 다 이렇다.

> 내 아버지여 만일 할 만하시거든 이 잔을 내게서 지나가게 하옵소서 그러나 나의 원대로 마시옵고 아버지의 원대로 하옵소서 (마 26:39).

하나님 안의 자기를 발견한 이상, 하지 못할 것이 없다는 것이다. 따르던 무리들로부터 거절당하고, 심지어 하나님으로부터 분리 경험한다 하더라도 기꺼이 십자가의 길로 나갈 수 있다는 것이다. 자기 뜻이 아니라 하나님의 뜻을 따를 수 있다. 왜냐하면 결과는 내가 아니라 하나님이 만드시기 때문이다. 예수는 죽으시나 하나님은 생명을 이뤄내신다. 예수는 고난의 잔을 드시나 하나님은 축배의 잔으로 바꾸신다. 예수 십자가는 해골의 언덕 골고다 위에 서 있으나, 하나님은 부활 생명의 언덕으로 만드신다. 승리는 예수께 있는 것이 아니라 하나님께 있다. 그래서 주님은 46절에서 제자들에게 "일어나라 함께 가자"라고 하셨다. 이는 하나님의 승리를 확신했다는 뜻이다. 십자가와 마주 대하고 피하지 않으시며 고난의 잔을 대면함으로써 하나님의 행하심을 보리라고 한 것이다.

오늘날 신자는 사람들이 알아주지 않는 것에 너무 많은 실망을 한다. 그래서 세상이 알아주는 방식을 택한다. 세상이 알아주는 방식이란 십자가 없는 영광이다. 하나님 안에 자기를 발견했다면 십자가로 나가야 한다. 그러나 우리의 요구는 내가 하나님 안에 있으면 부활부터 보여 달라고 한다. 고난의 잔이 아니라 축배의 잔부터 달라고 한다. 사탄의 유혹이나 가장 가까운 제자들이 권유가 이런 것이었다. "십자가 없는 영광을 취해보라, 그렇다면 우리는 당신을 떠나지 않겠다, 더 많은 사람을 당신 곁에 불러오겠다"라고 하였다. 우리 귀에는 이러한 제안이 더 달콤하고 하나님을 더 영화롭게 해드릴 수 있다는 착각을 불러일으킨다. 무슨 방법을 써서라도 그렇게 할 수 있는 길들을 찾아내려고 한다. 그렇게 되지 않을 때 죽는 소리를 하며 자조적인 말들로 하나님을 모독한다.

기독교의 원리는 "한 알의 밀이 땅에 떨어져 죽지 아니하면 한 알 그대로 있고 죽으면 많은 열매를 맺느니라"(요 12:24)이다. 한 알의 밀이 땅에 떨어져 죽는 것이 먼저이다. 죽어야 많은 열매를 맺는다. 한 알의 밀이 그대로 있거나 뻥튀기해서는 많은 열매를 얻지 못한다. 흉내만 낼뿐이다.삶에서 성공하는 비결은 묵묵히 자기 사명의 길을 걸어가는 것이다. 다른 시대나 다른 사람의 삶을 대신 살려 하지 말고, 내 시대와 내 상황에서 주어진 십자가를 짊어질 때 성공적인 삶을 살 수 있다.

미국에서 '티머시 하스 & 어소시에츠'라는 회사를 경영하는 분은 하형록 목사님이다. 이 회사는 미국에서 가장 일하고 싶은 직장 가운데 하나이다. 오바마 정부에서는 하형록 목사님을 건축 과학 관련 백악관 자문위원으로 임명하기도 했다. 젊은이들이 그에게 성공의 비결이 무엇이냐고, 어떻게 해야 꿈을 이룰 수 있냐고 많이 묻는다. 그러면 이 목사님은 "천근이나 되는 무거운 짐을 지고 걸으라. 그러면 성공의 길이 보일 것입니다"라고 답해 준다. 그의 이야기는 이렇다. 우리에게 천근 같은 무거운 짐이 주어질 때, 불평하거나 두려워하여 짐을 버리지 말아야 한다는 것이다. 예수님은 천근 같은 짐을 진 사람들에게 찾아오셔서 "나와 함께 지자"라고 하시기 때문이다. 남의 십자가도 아니고 다른 잔도 아닌 내 잔을

꿀꿀한 오늘이라도 주님의 기대로 살기

마시고 내 십자가를 지라는 것이다.

인생의 비전은 좋은 것이다. 목적이 있는 삶은 훌륭하다. 영향력 있는 인생은 멋진 것이다. 하지만 십자가 없는 비전, 십자가 없는 목적, 십자가 없는 영향력이란 있을 수 없다. 십자가를 지지 않는 신자는 있을 수 없다. 십자가 없는 기독교란 이단이다. 우리가 섬기는 주님은 십자가를 지기 위해 이 땅에 오셨다. "하늘에는 영광 땅에는 평화"는 아기 예수로 오실 뿐 아니라, 십자가를 통해 이루신 것이다. 주님은 명확하고도 단호하게 말씀하셨다.

아무든지 나를 따라 오려거든 자기를 부인하고 날마다 제 십자가를 지고 나를 따를 것이니라(눅 9:23).

주변 환경이나 사람들의 인정 여부가 아니라 하나님 안에 있는 자기를 보라. 그럼으로써 자기 뜻이 아닌 하나님의 뜻, 본래 자기 사명의 길을 따라 가라. 결과는 하나님이 하실 일이다. 내가 할 일은 기꺼이 내 십자가를 짊어지는 것이다. 그럴 때 하나님의 행하시는 손길을 보게 될 날이 온다.

다섯 번째 이야기

두려움에 휘둘리는 인생이 아니라
하나님께 붙잡힘 받는 인생이 되라

사 8:5-18

영화 <레인 맨>의 주인공 레이에게는 자폐증이 있었다. 그러나 그는 복잡한 계산을 빠른 속도로 할 수 있고 무관한 사실을 엄청나게 많이 저장할 수 있는 뛰어난 능력이 있었다. 레이가 형과 함께 오하이오 주에서 캘리포니아 주로 비행기를 타고 가야 하는 상황이 되었다. 그러자 레이는 겁에 질려 어쩔 줄 몰라 했다. 왜냐하면 그가 기억하길 사고가 한 차례도 난 적이 없는 항공사는 하나도 없기 때문이다. 레이는 사고 날짜와 사망자 수를 모두 기억하고 있었다. 그래서 어떤 비행기도 타지 않으려 했다. 사고 난 적이 없는 항공사를 알고 있지만, 그 항공사는 호주에 있기 때문에 이용할 수 없었다. 그래서 레이와 형은 비행기대신 차를 몰고 대륙 횡단 여행을 떠나기로 결정한다.

　　　　　　　　　　꿀꿀한 오늘이라도 주님의 기대로 살기

문제는 차로 하는 대륙 횡단 여행이 비행기 여행보다 훨씬 더 위험하다는 것이다. 주인공 레이만이 아니라, 사람들이 이와 같다. 미천한 자기 지혜에 따라 두려움에 사로잡혀 올바르게 판단하지 못한다. 아무리 더 안전하고 바른 길이 있다고 알려줘도 소용이 없다. 그리고 오히려 더 큰 두려움을 불러오는 일을 한다.

이와 같이 두려움에 정복당해 어리석은 결정을 내린 사람이 남유다의 12대 왕이자 히스기야의 아버지였던 아하스다. 아하스가 왕위에 있을 무렵, 북이스라엘의 베가와 아람(현재 시리아) 왕 르신이 연합해서 남유다를 침공한다. 전리품을 가져가고 남유다 사람들을 사로잡았으며, 아하스 왕까지 포로로 데려가려 했다. 하지만 하나님은 그들을 돌려보내라고 하셔서, 아하스와 포로된 백성들은 돌아올 수 있었다. 그 이후에도 아람 왕 르신은 자기 나라로 가지 않고 계속 북이스라엘에 머물러 있었다. 이는 언젠가 남유다를 다시 치겠다는 위협이었다. 그런데 당시 앗수르가 신흥 제국으로 부상하면서, 북이스라엘과 아람은 남유다까지 동맹에 포섭하여 앗수르의 남진을 저지하고자 하였다. 하지만 남유다는 오히려 친앗수르 정책을 시도했다.

그러자 북이스라엘-아람 동맹은 남유다의 아하스를 축출하고 자기들의 정책에 동조할 수 있는 다브엘의 아들을 왕으로 삼자는 구체적인 계획까지 세워두었다.

시리아 군대가 에브라임에 주둔하고 있다는 말이 다윗 왕실에 전해지자, 왕의 마음과 백성의 마음이 마치 거센 바람 앞에서 요동하는 수풀처럼 흔들렸다(사 7:2, 표준새번역).

왕과 백성이 두려움에 사로잡혔다는 것이다. 그러자 하나님은 이사야 선지자를 보내 다음과 같이 말씀하셨다.

그를 만나서, 그에게, 정신을 바짝 차리고, 침착하게 행동하라고 일러라. 시리아의 르신과 르말리야의 아들이 크게 분노한다 하여도, 타다가 만 두 부지깽이에서 나오는 연기에 지나지 않으니, 두려워하거나 겁내지 말라고 일러라(사 7:4, 표준새번역).

아하스는 악한 왕이다. 그럼에도 하나님은 아하스를 얼마나 크게 위로하고 용기 주시는지 보라. "정신을 바짝 차리고, 침착하게 행동하라", "두려워 하거나 겁내지 말라"고 구체적으로 조목조목 말씀해 주신다. 그들은 타다만 부지깽이에 불과하다는 것이다.

아하스가 두려워 할 필요가 없는 이유는 역사의 주권이 강대국과 권세자들이 아닌, 오직 하나님께만 있기 때문이다. 하나님은 일찍이 다윗을 통해 다윗 왕조의 등불을 끄지 않겠고 임마누엘의 은혜를 주겠다고 축복하셨다. 그런데 그런 하나님의 계획을 아람과 북이스라엘이 허물어뜨리려고 그들 마음대로 남유다 왕을 세우겠다는 것인데, 말이나 되겠는가! 그러니 하나님은 아하스에게 연합군을 두려워 말고 앗수르를 의지하지도 말고 오직 하나님만을 두려워 하라고 하셨다.

> 너희 모든 민족들아, 힘을 합쳐 보아라. 그러나 너희는 망하고 말 것이다. 너희 멀리 떨어진 나라들아, 잘 듣고, 싸울 준비를 하여라. 너희는 망할 것이다! 싸울 준비를 한다 해도 너희는 망할 것이다! 너희는 전략을 세워 보아라. 그러나 실패할 것이다. 계획을 말해 보아라. 그러나 이루어지지 않을 것이다. 왜냐하면 하나님께서 우리와 함께 계시기 때문이다(사 8:9-10, 쉬운 성경).

그들이 아무리 세력을 모으고 준비를 잘하고 탁월한 계획과 전략을 세운다 할지라도, 그들의 결과는 언제나 패망이다. 그들의 상대는 임마누엘의 하나님이시기 때문이다. 역사의 주관자이신 하나님을 상대로 싸워 이긴 자가 없고, 하나님은 그분의 뜻을 신실하게 이뤄가신다.

압살롬은 아버지 다윗을 반역하여 나라를 일으키고자 하였다. 그의 반란이 얼마나 거세고 급격했는지 다윗은 맨발로 왕궁 밖으로 도망쳐야만 했다. 그런 다윗과 그의 신하들에게 더욱 더 절망적인 소식이 들렸다. 압살롬을 돕는 사람들 중에 아히도벨이라는 모략가가 함께 있다는 것 때문이었다. 아히도벨에 대해 성경은 "당시 아히도벨의 조언은 마치 하나님께서 친히 하시는 말씀처럼 여겨졌다. 다윗도 그렇게 생각했고 압살롬도 마찬가지였다"(삼하 16:23, 메시지)라고 하였다. 그는 당대 최고 모략가로, 그의 모략은 하나님께서 하신 말씀과 같았다는 것이다.

그러니 다윗 입장에서 절망적일 수밖에 없다. 아히도벨의 모략에 다윗 진영은 더 큰 위기에 직면할 것이기 때문이다. 심히 낙담하고 있는 중에 다윗 앞에 어디선가 갑자기 생각지도 못한 사람, 후새가 나타난다. 그에 대해 다윗의 친구라는 것 외에 알려진 바는 없다. 그리 대단한 사람이 아닐 수 있다는 뜻이다. 다윗은 지푸라기 잡는 심정으로 궁에 돌아가 압살롬에게 거짓 충성하여, 자신을 도우라고 한다. 후새가 나타난 것에 대해 성경이 말씀하는 바를 보라.

> … 이것은 여호와께서 압살롬에게 재난을 당하게 하시려고 아히도벨의 좋은 책략을 좌절시키기로 작정하셨기 때문이었다(삼하 17:14b, 현대인의 성경).

생각지도 못하고 아히도벨에 비해 탁월하지 못한 사람을 통해 당대 최고 모략가의 모략을 패하게 만드신다. 역사의 주관자는 하나님이시다. 찬송가 70장 2절 가사가 이렇다.

이방이 떠들고 나라들 모여서 진동하나 우리 주 목소리 한 번만 발하면 천하에 모든 것 망하겠네.

역사의 주관자는 하나님 한 분뿐이심을 굳게 믿을 수 있다.

하지만 아하스는 언약 백성의 대표자임에도 하나님의 말씀을 거부한다. 그는 하나님의 뜻을 알았지만, 현실적이고 직접적인 도움은 앗수르로부터 얻어야 한다고 판단했다. 눈앞에 벌어지는 상황에서 하나님의 뜻보다 당장 필요한 도움이 더 절실했다. 그것에 대해 "이 백성이 고요히 흐르는 실로아 물은 싫어하고, 르신과 르말리야의 아들을 좋아하니, 나 주가, 저 세차게 넘쳐 흐르는 유프라테스 강물 곧 앗시리아 왕과 그의 모든 위력을, 이 백성 위에 뒤덮이게 하겠다. 그때에 그 물이 온 샛강을 뒤덮고 둑마다 넘쳐서, 유다로 밀려들고, 소용돌이치면서 흘러, 유다를 휩쓸고, 유다의 목에까지 찰 것이다. …"(사 8:6-8a, 표준새번역)라고 하였다. 실로아는 작은 시냇물로 천천히 잔잔하게 흐르지만, 하나님의 은혜 사랑을 상징한다. 반면 유브라데 강은 빠르고 흉용하게 흐르는 강물로, 강하고 위력적이게 보이는 앗수르의 막강한 군사력을 상징한다.

지금 아하스와 남유다 백성에게 중요하게 선택해야 하는 순간, 천천히 잔잔히 흐르는 실로아를 찾을 때가 아니었다. 하나님께서 말씀하신 것처럼 '조급해하지 말라', '침착하고 헛된 두려움을 내쫓으라'는 한가한 소리나 하고 있을 때가 아니라고 생각했다. 지금은 긴급한 때이니, 우선 필요한 것은 앗수르의 강력한 군사적 도움이라고 생각했다. 그러나 아하스의 아들 히스기야 왕 시기에 이르자, 군사적 도움을 얻으려 했던 앗수르로부터 오히려 침략을 당한다. 두려워하지 말아야 할 것을 두려워하니 더 큰 위협을 불러 모은 격이 되었다.

티머시 R.제닝스(Timothy R. Jennings)는 미국 최고의 정신과 의사로 뇌에 담긴 비밀을 과학적으로 밝히고자 『뇌, 하나님 설계의 비밀』이라는 책을 썼다. 그 내용 중에 앤드루 누버그(Andrew Newberg) 박사가 최근에 펜실베이니아 대학교에서 실시한 뇌 연구를 소개했다. 앤드루 누버그 박사에 따르면, 모든 형태의 명상이 뇌의 긍정적 변화와 유관한 것으로 밝혀졌다. 하지만 최대의 뇌 기능 향상은 참여자들이 구체적으로 사랑의 하나님을 묵상할 때 이루어졌다. 그에 따라 공감과 동정과 긍휼과 이타심의 역량을 높여주는 것으로 나타났다. 하지만 가장 놀라운 부분은 그다음이다. 사랑의 하나님을 예배하면 타인 중심의 사랑이 커질 뿐 아니라 예리한 사고

력과 기억력까지 더 좋아진다. 사랑의 하나님을 예배하면 실제로 뇌의 치유와 성장이 촉진된다는 것이다. 그러나 사랑의 하나님이 아닌 다른 신을 예배하면 두려움의 회로가 활성화된다고 하였다. 하나님만을 두려워하고 사랑해야 한다.

아하스와 남유다는 일어나는 사건을 그들 지혜로 분석하느라, 하나님을 신뢰하지 못한다. 그리고 그들이 분석한 대로 앗수르와 화친하여 실로아 물이신 하나님을 버린다. 이때 선지자 이사야에게 말씀하신 것을 들어보라.

> 여호와께서 강한 손으로 내게 알려 주시며 이 백성의 길로 가지 말 것을 내게 깨우쳐 이르시되(사 8:11).

하나님께서 이사야를 붙들고 유다 백성들의 길로 걸어가지 말라고 하셨다. 절대 다수의 백성들이 아하스의 정책을 따르는 상황에서 선지자가 왕의 정책을 반대하고 하나님만을 의지하라고 외치니, 사람들이 이사야가 음모를 꾸미고 있다거나 적군의 끄나풀이라고 비난했다.

그때 하나님은 "이 백성을 따라 하지 마라. 그들은 늘 누군가 자신을 해칠 음모를 꾸미고 있다고 생각하며, 두려워 떤다. 그들이 두려워하는 것을 두려워하지 마라. 그들이 염려하는 것을 염려하지 마라. 염려하거든, 거룩하신 분을 염려하여라. 만군의 하나님을 두려워하여라"(사 8:12-13, 메시지)라고 말씀하신다. 하나님은 이사야 선지자에게 사람이 자기 지혜에 따라 무엇을 하든, 하나님께만 초점 맞추라고 하신다. 하나님을 배역하는 일에 가담하지 마라, 하나님만을 두려워하라고 하신다. 나라와 민족에 무슨 일이 일어날지 정확히 알 수 없다. 아무리 그럴듯한 정보를 수집해서 분석한다고 해도, 미래는 여전히 미지의 영역이다. 그래서 두려움이 생길 수 있다. 그렇다고해서 다수의 사람이 하나님의 관심이나 하나님의 뜻과는 상관없는 길을 걸어가면서 그것이 합리적이라고 주장할 때, 흔들리지 말라는 것이다. 사람들이 너를 보고 어리석다며 비난하더라도 너는 하나님 그분께 초점 맞추는 생애를 살라고 하신다.

하나님의 일하심이 초라하게 보이고, 하나님의 활동이 우리 감각으로 느껴지지 않더라도 하나님을 따르는 것이 다수의 길이며 평안의 길이다. 믿음은 무엇을 얻는 것에 초점이 있지 않다. 하나님 그분만을 신뢰하며 좇아가는 것을 믿음이라고 말한다. 그래서 신자는 역설의 삶을 사는 자들이다. 신자 존재 자체가 역설이다. 왜냐하면 신자는 십자가 죽음에서 부활 생명을 얻은 자들이기 때문이다. 신자의 역설은 낮아짐으로써 높아지고, 대접함으로써 대접받으며, 썩어짐으로 열매 맺는 데서 나타난다. 믿음은 세상을 따

　　　　　　　　　　꿀꿀한 오늘이라도 주님의 기대로 살기

라가는 것이 아니다. 세상의 반대가 있어도, 하나님이 따라오라 하시면 가는 것이다. "깊은 곳에 그물 던져라" 하면 던지는 것이다. 요단강을 건너라 하시면 건너는 것이다. 홍해는 바다에 길이 열림으로써 이스라엘 백성이 건널 수 있었다. 그러나 40년이 지난 후, 가나안에 들어가려 할 때 요단강에는 길이 열리지 않았다. 하나님께서는 건너라고 말씀하셨고, 제사장을 필두로 이스라엘 백성은 요단강물에 들어가 전진했다. 그러자 요단강물의 흐름이 멈춰 길이 생겼다.

위대한 설교가 찰스 스펄전 목사님은 자신이 프랑스의 베르사이유 궁전을 관람했다는 이야기를 했었다. 궁전 이층의 화랑에는 유명한 귀족들을 모델로 그린 초상들이 있었다. 그림은 하나같이 부동 자세에 침묵하고 있었으며 얼어붙은 듯한 모습들이었다. 관람객들은 처음엔 관심있는 듯 바라봤지만, 곧 흥미를 잃고는 그림들을 스쳐 지나갔다. 그러나 화랑 아래층으로 내려오자 거기에는 전투, 연설, 항해, 승마 등 어떤 행동을 하고 있는 사람들의 그림들이 전시되어 있었다. 그러자 흥미를 잃었던 관람객들의 관심이 갑자기 되살아났다. 스펄전은 "만일 하나님의 관심을 끌고자 한다면 우리는 행동해야 합니다. 조용히 서 있거나 앉아 있으면 위엄 있어 보일지 몰라도 그것으로 하나님의 상을 얻을 수는 없습니다. 우리는 하나님의 상을 얻기 위해 부지런히 경주해야 합니다"라고 하였다.

마이너리티라는 비아냥, 거의 모든 경우 감각적이지 않는 인도하심이라는 위험 속에서도 하나님께만 초점 맞추어야 한다. 자기를 내려놓고 하나님의 뜻을 따라야 한다. 이사야는 하나님의 권고하심에 "자신을 숨기고 계신 그분을 기다리며, 그분께 소망을 둘 것이다. 나는 이 소망을 지키며 여기 있을 것이다(사 8:18, 메시지).

주의 말씀이 거부되고 활동이 제약되는 상황에서도 이사야의 마음은 조금도 위축될 수 없다는 것이다. 대신 하나님을 기다리며 하나님을 바라보겠다고 결단한다. 우리에게도 이 거룩한 결단이 있어야 한다. 두려워하지 말아야 할 것들로 두려워하여 휘둘리는 인생이 아니라, 하나님께 붙잡혀 인도함받는 인생 되기를 바란다. 또한 사람들이 무엇을 하든, 세상이 어떤 야단법석으로 요동하든 하나님만을 바라보며 따라가라. 두 갈림길에서 믿음의 승리자가 되는 비결이다.

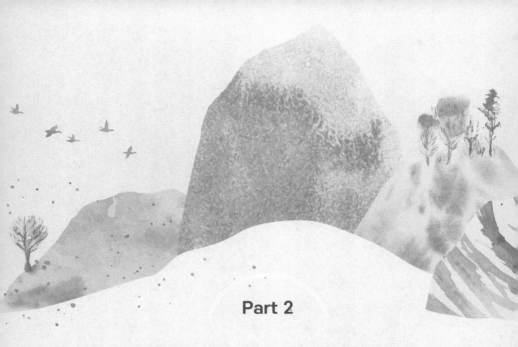

Part 2

상황이 내 마음 같지 않을 때

여섯 번째 이야기

있어야 할 곳에 있으라

📖 창 26:12-33

우리가 겪는 일들 중에 처음에는 마음 들어 좋아 보이는 것들이 있다. 하지만 시간이 지날수록 생각했던 것과는 많이 달라진다. 사람이 그렇고 일이나 환경이 그렇다. 상황이 달라진다. 그때 우리 나름대로의 기준이 발동하기 시작한다. 그리고 어느 순간 그 기준을 법령화한다. 그 기준에 못 미치는 것들은 다 범죄요 범죄자요 범죄 집단이며 몹쓸 것들이 되고 만다. 더 이상 상대할 이유 없다는 듯 모든 것을 절단내버리기도 한다. 충분히 그렇게 해도 마땅한 것들이 있다. 하지만 그렇게 해서는 안 되는 경우들이 많으며, 내 기준으로 제단 하는 것은 섣부른 생각이고 결정일 수 있다. 그렇다면 그것은, 하나님이 우리를 이 땅에 두신 목적과는 정반대되는 모습이다. 모든 상황이 다 내 마음에 드는 경우는 없다. 우리 마음과 같지 않은 상황은 앞으로도 계속 생겨날 것이다. 그때마다 우리는 어떻게 하는 것이 신자다운 삶을 산다고 할 수 있는가?

1. 하나님의 더 큰 가치를 붙잡으라

> 이삭이 그 땅에 씨를 뿌려 그 해에 백배의 많은 곡식을 거두어들였
> 습니다. 여호와께서 이삭에게 큰 복을 주시니 이삭은 부자가 되었
> 고, 점점 더 큰 부자가 되었습니다(창 26:12-13, 쉬운성경).

이삭은 블레셋 지역에서 더부살이 빌붙어 사는 처지였다. 그가
살던 곳은 이 지역이 아니었다. 그런데 더부살이 하는 이삭이 그
지역 원주민들보다 더 큰 부자가 되었다. 그 지역 사람들의 소출은
흉년의 영향으로 변변치 않았다. 하지만 이삭은 그들 비해 백배의
곡식을 거두어들였다. 12절의 '얻었다'의 원래 뜻은 '발견했다'이
다. 수확할 양이 얼마나 풍성한지 그것을 발견하고 놀라는 모습을
담고 있는 단어이다. 더 위협적인 것은 이삭이 지금도 부자인데,
점점 더 큰 부자가 되었다는데 있다. 이것은 자연적인 법칙으로 설
명할 수 없는 기이한 일로, 하나님의 특별한 은총의 결과이다.

어떻게 이런 기적이 임했을까? 이삭이 살고 있었던 가나안에 매
우 심각한 가뭄이 들었다. 그래서 먹을 것조차 구할 수 없어 생계

꿀꿀한 오늘이라도 주님의 기대로 살기

유지가 불가능했다. 그곳은 아브라함이 하나님으로부터 약속 받은 땅이었다. 이삭은 아버지로부터 장차 있게 될 이스라엘 민족을 위해 하나님이 주신 땅이라는 이야기도 들었을 것이다. 하지만 그 땅은 흉물스럽게 변하고 말았다. 젖과 꿀은 커녕, 먹을 것조차 구할 수 없는 땅이 되었다. 생명과 번영 대신 죽음과 패망만을 생각할 수밖에 없는 그런 곳이 되었다. 적어도 온전한 이성을 가진 사람들의 눈에는 그래 보였다. 그러면 어떻게 해야겠는가? 가치 있게 보였던 것이 더 이상 기준에 미치지 못한 상태가 되었다. 변질된 듯하고 실망스러워졌다. 이곳에서 가문의 확장과 번영을 기대할 수 없다. 가족들과 살기 위해서라도 떠나야 할 것이다.

그런데 하나님께 그에게 나타나 무엇이라고 말씀하시는가? 아마도 이삭은 애굽으로 내려가는 중이었던 것으로 보인다. 하나님은 그에게 애굽으로 내려가지 말고 하나님이 일러주시는 땅, 지금 이곳에서 살라고 하셨다. 하나님은 흉년이 든 이 땅을 가치 있게 보신다는 것이다. 그의 계획을 이룰 아름다운 땅이라는 것이다. 여기에서 이스라엘 민족이 나라를 이룰 것이며 장차 메시야가 오실 땅이다. 하지만 이삭은 '지금 상황을 아시기나 합니까?'라고 항변이라도 할 수 있었다. 지금 모양으로는 이 땅에서 살 수 없는 것이 너무도 분명하다. 그런데 하나님은 그에게 내가 보는 것처럼, 이 땅을 보아달라고 하신다. 그렇게 말씀하시고 나니, 창세기 26장

6절의 시작이 "그래서 이삭은 그랄에 그대로 머물러 있었다(창26:6, 표준새번역)라고 했다.

그랄에 머물면서 이삭은 남자답지 못한 무책임한 행동을 하였다. 아내 리브가가 너무 예뻤다. 그로 인해 그 지역 사람으로부터 해를 당할까 두려운 마음에 아내를 누이라고 속였다. 그런 비겁함에도 그 땅에 머물러 있었다. 이삭의 현재 상황은 여러모로 여의치 않았다. 하지만 하나님이 머물라고 한 곳에 머물러 있는 것만으로도 이삭은 하나님으로부터 복을 받았다. 그의 눈에는 가치 있고 더 이상 쓸모 있는 땅이 아니었다. 하지만 하나님이 가치 있다고 하시니, 눈으로는 잘 이해될 수 없었지만, 그도 가치 있게 보았다. 그리고 그 땅에서 떠나지 않았다. 그 결과가 더부살이 하는 중에서도 100배의 축복을 받았던 것이다.

우리는 상황을 우리 기준대로 평가하고 결판 내는 일에 익숙하다. 그리고 그것은 최선일 수 있다. 하지만 신자에게는 자기의 최선보다 더 높이 기준 삼아야 할 것이 있다. 하나님이 더 큰 가치를 두는 것이 무엇이냐는 기준이다. 그것을 따라야 한다. 상황은 우리를 재촉하는 듯 하다. 빨리 무엇인가를 결정하도록 조급한 마음을 부추긴다. 그에 따른 타당한 자료나 정보들을 객관적이라고 하면서 제시할 수 있다. 그것들을 무시하자는 이야기가 아님을 알 것이다. 그러한 조건들을 다 고려하더라도, 그것을 하나님도 가치 있게

꿀꿀한 오늘이라도 주님의 기대로 살기

보시느냐이다. 어째됐든 무엇이라 말을 하든, 상황이 혼란스럽고 내 기대와 다르게 흘러간다가 하더라도 하나님의 더 큰 가치를 붙잡으라.

짐 엘리엇(Jim Eliot 1927-1956)은 에콰도르의 아우카족에 복음 전하기 위해 정글로 들어갔다. 그는 평소 "영원한 것을 얻고자 영원할 수 없는 것을 버리는 자는 바보가 아니다"라고 하였다. 하지만 아우카족에 의해 동료들과 함께 죽임 당했다. 그들은 총을 소지하고 있었다. 하지만 한 발도 쏘지 않았다. 그들은 복음을 위해 죽음을 택한 것이다. 그리고 나서 짐 엘리엇의 아내는 남편의 뜻에 따라 선교본부의 만류에도 불구하고 그곳에 다시 들어갔다. 그리고 남편을 해친 그들의 머리를 깎아주며, 복음 전하는 자로 살았다.

『해리 포터』의 마법학교의 교장 앨버스 덤블도어는 신자가 꼭 기억해야 할 말을 한다.

우리가 지닌 능력보다는 우리가 내리는 결정이 우리의 진정한 모습을 더 많이 보여 준다.

우리가 피부적으로 느끼기에도 허접하여 가치 있지 않게 보이더라도 하나님이 가치 있게 여기는 그것을 추구하라 그것을 붙잡아 나의 소유로 삼으라. 그 길이 하나님으로부터 기대할 수 없는 중에 은혜 받는 비결이다. 비록 상황이 내 마음 같지 않을지라도 하나님이 말씀하시는 곳에 있고, 그 자리를 지켜내는 믿음의 사람이어야 한다.

2. 끈질기게 자기 할 일을 계속하라

이삭이 혼란스러운 중에 그 땅에 머무르며, 하나님의 은혜로 잘 되었다. 하지만 거부가 되자, 블레셋 사람들이 국가적으로 시기한다. 기이한 일이 아닐 수 없다. 어떤 사람을 또 다른 사람, 혹은 몇몇의 사람들이 시기하고 질투했다는 것이 아니라, 민족적으로 배 아파하였다. 어느 정도의 부자인지 상상해 볼 수 있다. 그러니까 블레셋 사람들이 이삭 집안이 사용하는 우물물에 흙과 쓰레기를 넣어 막아버린다. 자기들은 그 우물물을 사용할 가축이 없으니, 이삭도 사용하지 못하게 악의적으로 막아버린 것이다. 그리고 쫓아낸다. 이에 이삭은 더부살이하는 처지이고 그들과의 거래 조건을 근거로 항의하지 않고 평화롭게 그 땅을 떠난다. 그리고 16절에 그랄 골짜기로 갔다고 하였다. 골짜기니까, 최적의 조건이 될 수는 없다. 우기 때는 물이 풍족하지만, 건기에는 물이 없이 부지런히 우물을 파서 물을 공급해야 한다. 근동지방의 사람들에게는 우물

꿀꿀한 오늘이라도 주님의 기대로 살기

물이 얼마나 중요한지, 우물마다 이름이 있다.

하지만 그랄 목자들이 쫓아와서 훼방을 놓는다. 피해서 왔는데, 민족적인 시기 대상이 되다보니 빈번히 반대에 부딪친다. 그때마다 이삭은 옮겨가며 또 다른 우물을 팠다. 본문에는 우물을 '팠다'는 단어가 8번 나온다. 부지런히 파고 가꾸어 물의 공급이 원활하도록 했음을 알 수 있다. 그는 반유목민이다. 양떼를 먹이기도 해야 하지만, 농사를 지어야 했다. 그래서 가문이 번성해야 하고 그 수가 많아져야 한다. 그것이 하나님께서 이삭에게 기대하시는 바였다. 그는 자신의 불안정한 처지와 입장에 대해 많이 괴로워했을 것이다. 그곳에 오래 머물지 못하게 하고 버텨낼 수 없게 만드는 세력들로 지쳐 있었을 것이 분명하다. 그렇더라도 그는 농사일을 계속하였다. 우물을 찾고 또한 사용할 수 있도록 준비하는 일에 부지런히 힘을 쏟았다. 쫓겨났고 편안히 자기 일에만 집중하지 못하게 만드는 상황이었다. 그럼에도 그는 자기 일을 놓지 않았다. 그것은 하나님을 신뢰하기 때문에 할 수 있는 일관적인 태도였다. 하나님은 그런 이삭을 24절 이하에서 함께 할 테니 두려워하지 말 것이며, 복을 주고 많은 자손을 줄 것이라고 위로해주셨다. 불편한 마음으로 가득 차 있을 그에게 나타나 잘 하고 있다고 칭찬해주신 것이다.

세상 환경이나 상황은 일정하지 않다. 그럴 수가 없다. 이 세상이나 세상 사람들, 그리고 우리조차 특징적인 모습이 요동이다. 세상과 마귀는 신자가 요동하길 원한다. 요동하면 정한 마음 없이 누구라도 자신다운 역할을 해낼 수가 없기 때문이다. 그러니 이 세상에서의 상황이란 아담의 범죄 이래로 항상 좋지 않았다. 어느 누구에게나 마찬가지이다. 모든 조건이 좋아서 아무 혼란 없이 지낼 수 있는 사람은 거의 없다. 그것을 핑계 삼을 수 없다는 말이다. 상황이 어떻든 우리가 있어야 할 자리, 우리가 해야 할 일을 놓지 않아야 한다. 때로 부모를 탓할 수 있고 시대적인 상황을 탓할 수 있다. 하지만 그것 때문에 내 삶을 못 살았다고 할 수는 없다.

상황이 어떻든 내가 있어야 할 자리에 있으라. 그 자리에서 어떻든 내가 해야 할 일을 끈질기게 계속하라.

네가 자기의 일에 능숙한 사람을 보았느냐 이러한 사람은 왕 앞에 설 것이요 천한 자 앞에 서지 아니하리라(잠 22:29).

세계적으로 한 시대를 풍미한 기업인들은 한 가지에 오랫동안 몰입했고 모든 걸 바친 사람들이다. 세상에 수익 얻기 좋은 분야가 따로 정해진 것이 아니다. 하지만 어떤 분야든 그것이 자기 일이라 확신하는 사람들이 훈련과 고통을 감수하며 그 자리를 지켜냈기

꿀꿀한 오늘이라도 주님의 기대로 살기

에 다른 결과물을 만들어냈다. 달인이라고 하는 사람, 무명이었다가 유명인이 된 사람들을 보라. 그들은 처음부터 두각을 나타내는 실력자가 된 것이 아니다. 그들의 자리에서, 그들의 일을 계속 끈질기게 해내었다. 엄청난 성공을 거둔 리더들에게는 보통 세 가지 특징이 있다.

① 자기 분야에 매우 뛰어난 능력,
② 관계 구축의 대가가 되는 힘,
③ 일관된 진실성이다.

세상뿐만 아니라, 신자의 삶도 동일하다. 상황이 나의 마음 같지 않고 혼란스러운가? 능숙하도록 계속해서 해야 할 일을 하라. 그 때 상황 밑이 아니라, 상황 위에 있는 우리 모습을 발견하게 될 것이다. 우리를 쓰러뜨리려는 상황이 오히려 허우적거리는 것을 보게 될 것이다. 그러한 자들에게 하나님께서 위로와 격려, 축복의 말씀을 들려주신다. 마틴 루터(Martin Luther)가 '내일 지구의 종말이 오더라도 나는 오늘 한그루의 사과나무를 심겠다'라고 한 것처럼, 어떤 상황이든 끈질기게 내가 해야 하는 일을 계속 함으로써 하나님을 영화롭게 해드리겠다는 결심을 해야 한다.

3. 대인배의 마음으로 친구 삼으라

　이삭이 새로운 우물들을 팠다는 것은 그의 식솔들과 가축이 나날이 증대되었음을 의미한다. 그러니까 더 많은 우물물이 필요했던 것이다. 상황은 그를 안 되게 하는 쪽으로 몰아갔다. 불리하게 만들고 자멸하게 하였다. 그것도 한 두 사람이 아니라, 블레셋이라는 민족 전체가 말이다. 그런데 그 훼방이 아무 소용없었다. 하나님이 복 주시기로 한 사람은 그 무엇으로도 방해할 수 없다. 원수들이 아무리 저주하고 못되게 하려 해도 하나님의 축복이 쏟아져 나올 뿐이다. 아무리 저주해도 축복이 나온다. 이런 사람이 바로 이삭이다. 그리고 예수 믿는 우리가 바로 그런 사람들이다.

　아무튼 아무리 방해해도 이삭은 잘 된다. 방해꾼들이 세 번째는 그만 두었다고 하는데, 그냥 그만 둔 것이 아니다. 방해를 해도 해도 안 되니까 지쳐서 그만 둔 것이다. 자신들이 하는 결과가 아무 소용없는 짓임을 알았기 때문에 그만 둘 수밖에 없었다. 그러니까 이삭은 그 우물을 르호봇이라고 불렀다.

　이번에는 시비를 거는 사람이 아무도 없었습니다. 그래서 이삭은 그 우물의 이름을 르호봇이라고 짓고, '이제 여호와께서 넓은 곳

을 주셨으니, 우리는 이 땅에서 성공할 것이다'라고 말했습니다
(창 26:22, 쉬운성경).

블레셋 사람들의 갖은 훼방과 핍박에도 불구하고 하나님이 그에게 최후 승리, 번영을 주셨다는 고백이다.

이 모든 것을 블레셋 왕이 보았다. 그리고 이삭을 불러오라고 한 것이 아니라, 그가 참모진을 데리고 직접 찾아왔다. 그리고는 평화조약을 맺자고 하였다. 그는 이삭이 두려워졌다. 이삭이 나라를 이루고 있는 것도 아닌데, 나라 형태를 지니고 있는 그가 쫄아 있었다. 그러면서 평화조약을 맺자는 것이다. 그때 이삭은 그들의 허물을 꾸짖었다. 그리고는 이 모든 행동의 주도권이 누구에게 있는가 보라. 이삭의 주도하에 함께 식사를 하고 약속을 맺고 평화롭게 헤어진다. 이 일은 하나님께서 인정하시는 매우 좋은 태도였다. 하나님이 지지하시는 표시로 33절에 우물에서 물이 나왔다고 하였다. 이삭은 이것을 하나님의 은총으로 알고 기념해서 세바라고 하였다.

성경은 우리에게 이웃답게 처신할 것을 가르친다. 우리가 혼란 겪을 때, 내편과 내편이 아닌 사람들을 나타내는 상황들이 있다. 그래서 저 사람은 내편이 아니라고 단정 짓고, 그를 배격하고 싶을 것이다. 그러나 하나님이 우리에게 원하시는 바는 할 수 있는 대로

모든 사람과 더불어 화목하는 것이다. 주님은 "할 수 있거든 너희로서는 모든 사람과 더불어 화목하라"(롬 12:18)라고 하셨다. 이삭이 하나님의 더 큰 가치를 붙잡고, 그 땅에서 끈질기게 자기 일을 하는 이유가 어디에 있는가? 세상을 축복하기 위한 것이다. 하나님과 예수 그리스도의 사랑을 알게 하는 것이 궁극적인 목적이다.

즉 함께 잘 되는 것이며 함께 성공적인 삶을 사는 것이다. 우리가 좋아하는 사람만 좋아하고, 우리에게 잘해 주는 사람만 잘 해 준다면, 예수님이 책망하셨던 종교인들과 무슨 차이가 있겠는가! 링컨의 십계명이 있다. 주일을 잘 지키겠다, 모든 일에 하나님의 영광만을 추구하겠다, 그리고 형제를 사랑하고 이웃을 사랑하라는 명령을 실천하겠다는 개인 십계명이었다. 그는 그렇게 했다. 공화당 대통령 후보가 되었을 때, 같은 당 라이벌들에 의해 얼마나 공격을 받았는지 모른다. 그런데 그가 대통령이 된 이후, 정적들을 모두 다 국무장관, 재무장관, 법무장관으로 임명했다. 심지어 반대당의 사람들을 해군장관, 우정장관, 국방장관으로 세웠다. 그들은 그 자리에 가장 적합한 사람들이었기 때문이다. 자신의 정치적인 경쟁자를 정치적인 동반자로 삼았다. 남북전쟁이 한참일 때, 북군의 맥클레런 장군은, 가장 뛰어난 장군으로서 그의 역할은 아주 절대적이었다. 그를 격려하기 위해 링컨은 국방장관과 함께 야전사령부를 방문했다. 하지만 장군은 있지 않아, 오랜 시간 동안 기다려야만 했다. 얼마 후에 장군이 돌아오자, 장군은 대통령 일행을 본체만체하고 자기 방으로 올라가 잠을 잤다. 대통령의 비서진들은 난리가 났다. 그때 링컨은 '이 피비린내 나는 전쟁을 빨리 단축할 수만 있다면, 나는 그의 말고삐라도 잡을 것이고, 아니 그의 구두라도 닦아줄 마음입니다.' 그리고 이것이 하나님이 원하신 모습이다. 내 마음 같지 않은 상황일 때조차 우리가 축복해야 할 사람들을 잊지 않기로 하자. 그들을 대인배의 마음으로 친구 삼아 함께 성공적인 삶을 살아가길 소망해야 한다.

일곱 번째 이야기

불가능에 도전하라

✝ 출 14:1-18

    인생길에서 사면초가, 전혀 가능성이 보이지 않는 상황이란 누구에게나 있을 수 있는 현상이다. 그 같은 상황에서 아무 것도 할 수 없다며 다른 누군가를 원망하며 주저앉을 수 있기도 하다. 하지만 그와 같은 태도는 상황을 더 복잡하게 만들며, 그로 인해 분노와 좌절이 더 생길 뿐이다. 상황이 기대한 바대로 진행되지 않을 때, 혹은 불가능하게 보일 때 우리 신자들은 더욱더 하나님을 믿음으로 일어나야 한다. 좋아보일 때만 하나님의 은혜가 필요한 것이 아니라, 문제가 꼬일 때 더욱 하나님의 은혜가 필요하다. 그러면 어떻게 상황에 제압 당하지 않고 믿음으로 이겨낼 수 있을까?

꿀꿀한 오늘이라도 주님의 기대로 살기

1. 엉뚱한 것과의 경쟁을 멈추라

이스라엘 백성은 애굽에서 하나님의 기적을 보았고, 애굽 사람들로부터 호의를 얻으며 나왔다. 그때 이스라엘이 어떤 모습, 마음가짐이었는지 8절에서 말씀하고 있다.

> 여호와께서 애굽 왕 바로의 마음을 완악하게 하셨으므로 그가 이스라엘 자손의 뒤를 따르니 이스라엘 자손이 담대히 나갔음이라 (출 14:8).

"담대히 나가다"라는 말의 원문 의미는 '손을 높이 들고 나가다'이다. 손을 높이 들었다는 것은 기쁘고 감격에 찬 승리를 얻었을 때의 세레모니이다. 이스라엘 백성이 그와 같은 감격 속에 애굽을 떠나왔다는 말이다. 그런데 2-3일이 지난 지금은 매우 어려운 곤경에 빠져 있었다.

바로와 애굽 군사들은 이스라엘을 순순히 놓아 보낸 것을 후회하고 있었다. 노예들로 얻었던 경제적 이득과 편안한 생활을 다 잃었기 때문이다. 그래서 이스라엘을 추격해 오고 있는, 그와 같은 상황이다. 멀리서도 말발굽의 소리가 들릴 정도이다. 말을 타고 오니 먼지가 안개처럼 일어나는 것을 그들 눈으로 볼 수 있었다. 이스라엘의 오감이 두려움으로 꽁꽁 사로잡혔다. 그때 이스라엘 백성은 어떤 반응을 보이는가?

> 이집트에 넓은 매장지가 없어서 이곳 광야에서 죽게 하려고 우리를 데려왔단 말입니까? 왜 우리를 이집트에서 이끌고 나와서 이 같은 일을 당하게 하는 겁니까? 전에 이집트에 있을 때 우리가 이런 일이 일어날 거라고 하지 않았습니까? '광야에서 죽은 것보다 차라리 이집트에서 종으로 사는 것이 더 나으니, 우리를 이집트에 그대로 내버려 두라'고 우리가 말하지 않았습니까?
> (출 14:11-12, 메시지).

이스라엘 백성은 모세를 대적하며 울부짖길 '이럴 줄 알았다'는 것이다. 와-환장할 노릇이다. 모세가 행한 일이라고는 이스라엘 백성의 유익을 위해서 계획된 하나님의 뜻을 따른 것뿐이다. 그럼에도 모세와 다투면서 하나님을 원망하고 항의한다. 원치 않는 상황이 될 때 대부분의 사람들이 보이는 반응이 이렇다. 탓하고 누군가를 원망하고 싶어한다. 상황이 이렇게 된 것에 대해 비난할 대상을 찾는 것이 인간의 본성이다. '그 인간만 아니었다면, 그 인간이 그때 그렇게만 안 했더라면'라고 말이다.

그렇게 하는 것이 정작 해결해야 할 문제의 실마리가 되겠는가? 거의 분풀이 대상만 될 뿐이다. 해결책이 아니라는 말이다. 우리가 겪게 되는 상황이 당황스러운 까닭에 엉뚱한 것을 붙잡고 씨름하지 않도록 주의해야 한다. 그것은 문제 해결이 아니라, 더 미궁 속으로 빠져들게 하는 정신적인 수렁이 될 가능성이 높다. 문제 해결을 위해 싸워야 할 대상이 그 사람인가? 그것에 에너지 쏟는 것이 맞는가? 다윗을 보라.

> 다윗이 군인들과 이렇게 이야기하는 것을 맏형 엘리압이 듣고, 다윗에게 화를 내며 꾸짖었다. '너는 어쩌자고 여기까지 내려왔느냐? 들판에 있는, 몇 마리도 안 되는 양은 누구에게 떠맡겨 놓았느냐? 이 건방지고 고집 센 녀석, 네가 전쟁 구경을 하려고 내려온 것을, 누가 모를 줄 아느냐?' 다윗이 대들었다. '내가 무엇을 잘못하였다는 겁니까? 물어 보지도 못합니까?' 그런 다음에 다윗은, 몸을 돌려 형 가까이에서 떠나 다른 사람 앞으로 가서, 똑같은 말로 또 물어 보았다. 거기에서도 사람들이 똑같은 말을 하였다(삼상 17:28-30, 표준새번역).

블레셋 장수 골리앗과 싸우기 전, 다윗이 전쟁터에 방문한 내용이다. 다윗은, 겁에 질려 하나님을 모욕하는 이스라엘 군대에 대해 분개하였다. 그래서 전쟁 상황에 대해 묻고 있을 때, 그의 형이 다윗을 조롱한다. 그때 다윗의 태도를 보라.

> 그런 다음에 다윗은, 몸을 돌려 형 가까이에서 떠나(삼상 17:30).

다윗이 싸워야 할 대상은 형이 아니었다. 지금 처한 상황을 타개해 나가기 위한 해결책은 다른 것에 있었다. 그래서 그는 몸을 돌려 그의 형에게서 떠나갔다. 다시 한 번 묻는다. 내가 처한 문제를 해결하기 위해 지금의 그 사람과 싸우는 것이 맞는가? 지금 그것을 붙잡고 씨름하는 것이 문제 해결에 도움 되는가? 부모 탓하는 것이 맞는가? 지금의 정권 탓하는 것이 맞는가?

존 맥스웰 목사님이 아르헨티나에 가서 있었던 경험담을 기록한 것을 보았다. 그와 일행은 부에노스아이레스의 북쪽 약 120-160km 지점에 비둘기 사냥이 세계 최대 규모인 지역으로 갔다. 그곳에는 말 그대로 비둘기가 모래처럼 많이 있어 사냥 애호가들의 발길이 끊이지 않았다. 하늘에는 한 시간 만에 최고 5만 마리 이상의 비둘기 떼가 날아다녔다. 물 반 고기 반이 아니라 하늘 반 비둘기 반이었다. 맥스웰 목사님은 한 시간 동안 총을 쏘고 또 쏘아댔다. 그는 몇 마리를 잡았을까? 한 마리도 못 잡고 주변에 탄피만 가득했다. 이유는 모든 비둘기를 쏘려고 했기 때문이다. 잡고자 하는 목표점을 바로 하라는 것이다. 정말 신경 쓰지 말아야 할 것으

꿀꿀한 오늘이라도 주님의 기대로 살기

로부터 몸을 돌리라. 엉뚱한 대상과의 경쟁을 피하라. 이 상황 해결을 위해 정확히 진단하여 그것에만 몰입하라. 그렇게 할 때, 상황을 뛰어넘는 하나님의 은혜를 경험할 수 있다.

2. 하나님의 장악 능력을 믿으라

하나님의 허락 없이는 우주와 우리 삶에서 아무 일도 일어날 수 없다. 이스라엘 백성이 지금 처한 상황에 대해 자세히 살펴보길 바란다.

> 주께서 모세에게 말씀하셨다. '너는 이스라엘 자손에게 말하여, 오던 길로 되돌아가서, 믹돌과 바다 사이의 비하히롯 앞, 곧 바알스본 맞은쪽 바닷가에 장막을 치라고 하여라. 그러면 바로는, 이스라엘 자손이 막막한 광야에 갇혀, 아직 이 땅을 헤매고 있을 것이라고 생각할 것이다. 내가 바로의 고집을 꺾지 않고 그대로 둘 터이니, 그가 너희를 뒤쫓아 올 것이다. 그러나 나는 바로와 그 군대를 물리침으로써 나의 영광을 드러낼 것이니, 이집트 사람들이 이것을 보고서, 내가 주님임을 알게 될 것이다.' 이스라엘 자손은 모세가 시키는 대

로 하였다(출 14:1-4, 표준새번역).

이 말씀으로 바알스본 맞은편 바닷가 앞에 장막을 친 것은 하나님의 의도임을 알게 된다. 우리가 볼 때 위쪽의 믹돌은 애굽의 접경 지역으로 군사 기지다. 밑의 비하히롯은 산맥으로 둘러싸여 있는데, 바위로 되어 있다. 그리고 오른쪽 바로 앞에는 홍해이다. 그리고 한쪽 열려 있는 곳에서는 애굽 군대가 뒤쫓아 온다. 하나님이 명령하시는 대로 했더니, 그것 때문에 이스라엘이 곤경에 빠지게 되었다. 이스라엘은 독 안에 든 쥐 신세와 같이 어떤 가능성도 짜낼 수 없는 불가능의 상황에 있었다. 그때 모세는 이렇게 말한다.

모세가 백성에게 이르되 너희는 두려워하지 말고 가만히 서서 여호와께서 오늘 너희를 위하여 행하시는 구원을 보라 너희가 오늘 본 애굽 사람을 영원히 다시 보지 아니하리라 여호와께서 너희를 위하여 싸우시리니 너희는 가만히 있을지니라(출 14:13-14).

또 우리말 성경에는 "내가 애굽 사람들의 마음을 완악하게 할 것인즉 …"으로 되어 있다. 하지만 원문은 "나를 보라 내가 …" 혹은 "나를 주목하라 내가 …"로 되어 있다. '보라'는 단어로 하나님은 자신이 어떤 분인지 드러내고자 하셨다. 여호와 하나님은 단지

꿀꿀한 오늘이라도 주님의 기대로 살기

히브리 사람의 하나님으로 알려지길 원치 않으셨다. 지역마다, 혹은 조건에 따라 다른 신들이 있다고 믿었던 것이 그 당시 이방 민족들의 생각이었다. 하지만 하나님은 그런 우상들과 다르시다. 즉 히브리 사람이 생각하는 하나님보다 더 크신 하나님이 역사 속으로 들어오셔서 그의 백성에게 행하신 일을 보라는 것이다. 그 하나님은 당시 최고의 권력자 바로와 그의 군대를 파멸케 하시는 우주적인 분임을 나타내신다.

바로, 파라오에서 '라'는 태양신이라는 뜻으로, 바로는 태양신의 아들이다. 그렇게 여겼던 바로의 병거와 마병이 바닷물에 몰사한 것은 세계사에서 전무후무한 일이다. 그 일을 통해 하나님은 모든 권세자들, 모든 제국들의 주인 되심을 보이셨다. 모든 것을 통치하시는 하나님으로 나타내셨다. 홍해 사건으로 자기 백성을 위한 하나님의 열심과 하나님의 능력 크기가 어느 정도인지, 히브리 민족뿐 아니라 모든 열방 중에 드러내셨다. 하나님이 행하신 일이 얼마나 놀라운 일인지, 이로부터 40년이 지난 다음 여리고성의 라합의 고백으로부터도 확인할 수 있다.

… 우리는 당신들 때문에 매우 두려워하고 있고, 이 땅에 사는 모든 사람들도 당신들을 무서워하고 있습니다. 우리가 무서워하는 것은

여호와께서 당신들을 도우셨기 때문입니다. 우리는 당신들이 이집트에서 나올 때, 여호와께서 홍해의 물을 마르게 하신 사실을 들어서 알고 있습니다. 또 당신들이 요단 강 동쪽에 살고 있던 아모리 사람들의 두 왕 시혼과 옥을 물리쳤다는 사실도 알고 있습니다. 이 모든 이야기를 들었을 때, 우리는 너무나도 무서웠습니다. 지금 이 성 사람들은 당신들과 싸우는 것을 두려워하고 있습니다. <u>그것은 당신들의 하나님 여호와께서 위로는 하늘과 아래로는 땅을 다스리는 분이심을 알고 있기 때문입니다</u>(수 2:8-10, 쉬운성경).

우리는 상황의 크기와 하나님의 능력 크기를 비교하려는 유혹을 수없이 경험한다. 이 모든 일이 하나님이 모른 가운데 일어났는가? 하나님의 지혜에는 한계가 있는 것인가? 하나님은 이 상황에 대한 통제력을 상실하셨는가? 하나님께도 할 수 없는 것들이 있는가? 신자들을 상하게 할 만한 것은 아무 것도 없다. 오직 우리를 넘어지게 하는 일은 하나님의 장악능력을 믿지 못하는 것 뿐이다. 믿음으로 자신과 상황을 하나님께 맡기지 않는 것이다. 티머니 R. 제닝스는 정신과 및 신경과 의사로 뇌 변화에 대한 전문가이다. 그는 『뇌, 하나님 설계의 비밀』이라는 책에서 고통스러운 자극을 받을 때나 고통스러운 자극을 상상할 때 똑같이 뇌 회로가 활성화된다고 하였다. 뇌졸중 환자들이 마비된 손발을 움직이는 상상만 해도, 또 음악가가 악보 연주를 상상만 해도 그에 해당하는 운동신경 경로가 활성화 되었다. 그의 주장은 어떤 생각을 하느냐에 따라 실제로 우리 뇌가 변한다는 것이다. 사탄이 하나님에 대해 거짓 주장한 것을 받아들이기 때문에 두려움의 중추인 편도체가 활발해진다. 두려움 중추가 정도를 잃고 과잉 반응을 보인 탓에 판단력마저 흐려진다.

이 모든 것은 하나님과의 사랑과 신뢰가 깨어졌기 때문이다. 판단력이 최고의 기량을 발휘하고 우리 삶이 조화를 이루기 위해서는 왜곡된 하나님 개념을 버리고, 그분을 아는 참된 지식을 가져야 한다. 그러면 전전두피질(ACC)이 더욱 강해져 두려움을 물리칠 수 있음을 과학적으로 증명하고 있다. 그러면서 티머니는 당신의 삶을 하나님께 맡기라고 권한다. 이 사실을 믿으라. 하나님은 모든 것의 주인이시다. 모든 것을 통치하시고 장악하고 계신다. 우리를 구원하시는 하나님의 능력의 크기를 보라. 하나님의 능력을 믿음으로 하나님의 인도와 때를 따라 새로운 변화를 맛볼 수 있다.

3. 불가능 앞으로 담대히 나아가라

이스라엘 백성들은 죽을 것 같은 상황에서 난리친다. 모세는 아마도 침묵으로 하나님께 기도 드리고 있는 듯 하다. 그때 하나님께서 의외의 말씀을 하신다. "여호와께서 모세에게 이르시되 너는 어찌하여 내게 부르짖느냐 이스라엘 자손에게 명령하여 앞으로 나아가게 하고"라고 말씀합니다. 어떤 학자들은 "너는 어찌하여 내게 부르짖느냐"(창 14:15), 이를 이미 응답이 되었는데, 왜 이러고 있느냐, 앞으로 나가는데 부지런 하라는 뜻으로 해석한다. 그런데 그 앞으로 나가라는 곳이 어디인가? 홍해 바다이다.

하나님은 믿음으로 전진할 때 정확하게 인도하시고, 꼭 필요한 능력을 주신다. 바로 군대가 쫓아와 이스라엘 백성이 있는 곳에 이를 때쯤, 구름 기둥이 이스라엘 백성 뒤로 옮겨갔다. 그래서 애굽 군사와 이스라엘 백성 사이에는 벽이 생긴 듯 간격을 벌여놓았다. 애굽인들에게는 밤과 같아 분간하기 어렵다. 하지만 이스라엘 백성 앞에는 불기둥이 있고, 홍해가 갈라져 육지처럼 걸어갈 수 있게 하셨다. 이스라엘 백성에게는 구원의 새창조 역사를, 바로 군대에게는 심판의 역사를 이루신다. 그러므로 신자의 영혼의 움직이는 방향은 오직 전진뿐이다. 하나님은 "나의 의인은 믿음으로 말미암아 살리라 또한 뒤로 물러가면 내 마음이 그를 기뻐하지 아니하리라"(히 10:38)라고 하셨다.

하나님은 이스라엘 백성에게 새로운 창조 역사를 만들고 계셨다. 바다에 길을 내시는 분은 오직 하나님 한 분 뿐이시다. 불가능 앞으로 나갈 때 하나님은 역사를 이루신다. 그 하나님은 2천 년 전 제자들이 풍랑으로 고통하고 있을 때 예수님으로 호수에 길을 내시고 찾아오셨다. 다른 제자들은 놀라 자빠졌지만, 베드로만은 자신도 물위를 걷게 해달라고 하였다. 주님은 베드로의 간구에 응답하셨다.

> 베드로가 예수께 '주님이십니까? 그러시다면 저더러 물 위로 걸어오라고 하십시오.' 하고 소리쳤다. 예수께서 '오너라.' 하시자 베드로는 배에서 내려 물 위를 밟고 그에게로 걸어갔다 (마 14:28-29, 공동번역).

사람이 물위를 걷는다는 것은 불가능한 일이다. 하지만 예수님의 말씀에 따라 그는 걷고야만다.

성경의 역사는 기적의 역사이다. 이스라엘을 히브리 민족이라고 할 때, 그 히브리는 '물을 건너다'의 뜻이 있다. 그러니까 그들은 죽음을 통과해낸, 불가능을 뚫고 지나온 민족이라는 것이다. 우리 그리스도인이 이와 같다. 그리스도인은 그리스도의 발자취를 밟고 따라가는 자들이다. 예수 그리스도는 우리에게 물위로 걸어오실 뿐 아니라, 우리를 위해 십자가 위에 속죄의 죽음을 죽으셨다. 그리고 부활로 그의 신성과 우리가 하나님의 자녀 되었을 우주에 선포하셨다. 그분은 우리와 함께 하신다. 십자가 죽음, 빈 무덤, 그리고 오순절 성령 강림의 능력으로 우리를 자유케 하신 분이시다. 이것이 그리스도인이다. 예수님처럼 죽음을 통과해낸 자들, 불가능을 뚫고 나온 자들이 그리스도인이다. 무엇이 우리를 가로막을 수 있으며, 혼란스럽게 하며 나다운 삶을 살지 못하게 한다는 것인가? 불가능 앞으로 담대히 나아가라.

존 파월이라는 사람은 보통 사람이 자신의 잠재력 중에서 10%밖에 발휘하지 못하고, 주변 아름다운 것의 10%밖에 보지 못하며, 주변에서 들리는 음악과 시의 10%밖에 듣지 못하고, 주변에서 맴도는 향기의 10%밖에 맡지 못하며, 사는 재미를 10%밖에 맛보지 못한다고 하였다. 우리 대부분은 상황을 절대시함으로써 자신의 잠재력을 발휘하지 못한다. 죽은 뒤 천국 문에서 베드로를 만난 한 남자에 대한 마크 트웨인의 이야기가 있다. 그는 베드로의 지혜를 알아보고 평생 가진 궁금한 것을 물어보았다. 베드로 그가 보기에 누가 역사상 가장 위대한 장군이었느냐는 것이다. 베드로는 아주 간단하다는 듯, 한쪽의 사람을 가리켰다. 하지만 질문한 남자는 매우 어리둥절했다. 베드로가 지목한 사람은 매우 평범한 노동자였

꿀꿀한 오늘이라도 주님의 기대로 살기

기 때문이다. 베드로가 말한다. '맞아요. 저 사람이 장군만 되었다면 역사상 가장 위대한 장군이 되었을 겁니다'라고 말이다. '머릿속으로 한계를 생각하면 그것은 실제가 된다'고 하였다.

누가 우리의 한계를 정해놓았는가? 지금의 상황인가, 아니면 다른 사람인가, 아니면 우리 스스로인가? 그렇지 않아도 힘든 인생인데, 우리 스스로 한계를 정해놓아 늘 브레이크를 밟아대니 고생스럽기만 하다. 하나님이 명하시면 길이 열린다. 하나님의 말씀하시면 걸을 수 있고 뛸 수 있다. 하나님은 상황에 굴복하시는 분이 아니기 때문이다. 상황에 굴복하는 대신, 하나님 말씀에 따라 불가능한 상황 앞으로 담대히 전진하라.

여덟 번째 이야기

한 길로 걸어가 하기로 되어 있는 일을 하라

📖 수 3:1-17

　　지금 이스라엘 백성은 38년의 광야생활, 방황생활을 마치고 약
속의 땅 가나안으로 들어가기 직전이다. 바로 요단 강 앞에 서 있
다. 가나안 족속이 이스라엘 백성을 두려워하고 있다는 이야기를
들어 알았다. 하지만 가나안 입성에 모든 것이 수월하게 여길 수만
은 없었다. 그들은 강을 어떻게 건널 것인지에 대해 아무것도 모른
다. 또 강을 건너기 위한 장비들이 전혀 준비되어 있지 않다. 이쯤
이스라엘 백성을 인도해 오던 구름 기둥은 사라진 것으로 보인다.
더더군다나 하나님이 임재의 상징인 법궤와 약 1km 떨어져 있어
야 했다. 하나님의 법궤 보호에 무방비 상태인 것이다. 결정적으로
보리 수확기에는 요단강이 불어나 도저히 그냥 건널 수는 없었다.

　　이 상황에서 뭘 어쩌라는 말이냐는 식으로 불평과 두려움에 사
로잡힐 수 있다. 우리에게도 이와 같은 경우가 있다. 뭔가 알기는

　　　　　　　　　　꿀꿀한 오늘이라도 주님의 기대로 살기

하겠는데, 그냥 가자니 기대와는 다른 상황이다. 뭐 하나라도 부응하는 것이 없어 보인다. 그때 우리는 어떻게 해야 하겠는가? 오늘 여호수아와 이스라엘 백성은 양다리가 아닌 하나님께서 말씀해주신 외다리로 건너기로 작정하였다. 기대에 부응하는 것이 없어 보일지라도, 신자는 하나님께서 말씀해주신 한 길로 건너기로 작정해야 한다. 상황은 어떻든 상관없다. 그렇다면 어떤 선행조건이 필요한지 살펴보자.

1. 하나님께 내어드리는 모험을 시도하라

5절에서 "여호수아가 또 백성에게 이르되 너희는 자신을 성결하게 하라 여호와께서 내일 너희 가운데에 기이한 일들을 행하시리라"고 하였다. 이스라엘 백성은 뒤로 물러나 또 다시 광야생활을 할 수는 없다. 그러나 앞으로 나가자니, 받아들이기 어려운 상황이 놓여 있다. 하지만 하나님은 여호수아에게 요단강을 건너는 전략을 말씀해주셨다.

첫 번째는 온 백성이 자신을 성결하게 하는 것이다. '성결하다'는 히브리어는 카데쉬이다. 이 말은 '잘라내다' 혹은 '밝히다'라는 동사에서 왔다. 그래서 이 단어는 거룩이라는 의미를 포함하기도 한다. 그러니까 성결이라는 말은 하나님께 속하기 위해 방해되는 것들을 다 끊어버린다는 뜻이다. 다른 표현으로 하자면, 온전한 헌신이다.

지난 날 이스라엘의 실패는 하나님이 하실 수 있는 능력을 제한했기 때문이었다. 다시 말해 하나님이 일하심에 자신을 온전히 내어 드리지 않았다는 말이다. 그것은 곧 자아가 하나님의 일하심보다 더 왕성하게 역사했다는 뜻이다. 사람이 보고 느끼는 오감에 따라 좌지우지 되는 그 자아 말이다. 하나님은 사람의 헌신과 상관없이 일하시는 부분이 있다. 사람이 어떤 반응을 보이든, 어떤 태도를 지니든 상관없이 그렇게 하신다. 하지만 하나님이 하실 일에 반드시 사람의 헌신을 필요로 하시는 경우가 많다. 결코 하나님의 능력에 부족함이 있기 때문이 아니다. 주의 백성을 동역자로 세워 그를 높여주길 원하시기 때문이다. 하나님은 그것을 기뻐하신다.

베드로와 그의 동료들은 밤이 새도록 물고기를 잡으려 하였다. 하지만 아무 것도 얻지 못한 채 아침을 맞이해야 했다. 잠을 못 자서 다크서클이 내려앉았다. 소득이 없으니 어깨는 축 쳐져있었다. 그런데 예수님이 잠깐 배좀 빌리자고 하신다. 사람들이 너무 많이 몰려드니, 배를 설교단 삼아 무리로부터 떨어져 호수 위에서 말씀을 전하시기 위함이었다. 시몬 베드로가 짜증났겠는가, 안 났겠는가? 말씀을 마치시고는 베드로를 돌아보고는 "깊은 데로 가서 그물을 내려 고기를 잡으라"(눅 5:4)고 하신다. 너무 엉뚱하지 않는가? 난데없이 깊은 데로 가서 그물을 내리다니 말이다. 지금 상황과 베드로의 형편과 안 맞아도 너무 안 맞고, 틀려도 너무 틀린다. 하지만 베드로는 이렇게 고백한다.

선생님, 우리가 밤새도록 애를 썼으나, 아무것도 잡지 못했습니다. **그러나 선생님의 말씀에 따라** 그물을 내리겠습니다(눅 5:5, 표준새번역).

무슨 뜻인가? '예수님 말씀에 속하기 위해 방해 되는 것들인 내 전문성, 내 경험, 내 자존심 등은 다 잘라내겠습니다. 그 말씀에 '나를 온전히 드리겠습니다'라는 뜻이다. 이것이 성결이며 헌신이다. 그러자 물고기가 잡힐 수 없는 그 시간, 물고기가 없는 그 장소, 어부 짭밥 수십 년에 놀라운 경험을 한다. 그것은 신적인 기적이었다.

신앙생활을 어머니 태속에서부터 시작한 분들도 있고, 십 수 년, 혹은 몇 년 해 오신 분들이 있다. 그런데 그들이 하나님을 알고 경험했던 것들은 20년, 10년, 수년 전의 것들이다. 예전에 있었던 것들로 우려먹고 있다. 그들에게 하나님은 그냥 과거에만 역사하셨던 분이다. 지금은 역사하지 못하고 계신 것이 아닐 텐데 말이다. 왜 그럴까? 나 자신을 구별함으로 하나님께 온전히 드리지 않기 때문이다. 믿음은 모험이다. 믿음은 헌신이다. 믿음은 나 중심적 사고가 아니라, 예수 그리스도 중심적 사고이다. 그럼에도 우리 뇌에 있는 계산기를 두드리며 될까 안 될까 따지고 있다. 그 생각으로는 결코 되지 않는다. 왜 그런가? 미시건 대학의 심리학자 윌리엄 J. 게흐링과 그의 동료는 게임에서 이겼을 때와 졌을 때 사람 뇌에 나타나는 전기 반응을 분석했다. 연구자들은 단순하지만 매우 의미심장한 결론에 도달했다. 손실과 이익의 크기가 같더라도, 사람에게는 손실이 더 크게 보인다. 그러니까 가능한 이익보다 손실을 피하려는 경향이 더욱 강하다는 결론이다. 이런 이유로 우리 뇌, 사람 구조는 일에 대해 이루어냈다가 아니라 해치웠다고 한다. 손실을 피했다는 것이다.

사람은 기본적으로 위험하게 보이는 일을 결코 하지 않는다. 그러니 될까 안 될까를 계산하면 어떤 일도 일어나지 않는다. 스스로를 '실격된 순교자'라고 했던 안이숙 사모님은 결사적일 때 중요한 것들을 얻는다고 했다. 손쉽게 얻어진 것들은 대개 중요한 것들이 아닐 때가 많다는 것이다. 결사적인 것이 무엇인가? 위험 앞에, 막막한 상황 앞에 자신을 하나님께 온전히 내어드리는 성결, 하나님께서 역사하시도록 맡길 때 우리 삶의 요단강이 열려지게 된다. 하나님께 나 자신을 내어드리는 성결로 20년 전, 혹은 10년 전, 혹은 수 년 전 과거에 역사하신 하나님이 아니라 지금도 내게 역사하시

꿀꿀한 오늘이라도 주님의 기대로 살기

는 하나님을 경험할 수 있게 된다.

2. 기다림으로 하나님의 역사를 재촉하라

물이 불어나 도저히 건널 수 없는 상황이지만, 하나님은 특별한 명령을 내리신다. 백성들은 언약궤 뒤로 900미터 떨어져 있어야 한다. 그리고 레위지파의 제사장들이 하나님의 언약궤를 메고 요단강에 먼저 들어가라고 하셨다. 그렇게 되면 13절에 "온 땅의 주인이신 여호와의 언약궤를 메고 가는 제사장들의 발이 물 속에 닿으면, 강물의 흐름이 그치고 물이 흐르지 않게 될 것이오. **마치 둑에 가로막힌 것처럼 물이 멈춰 쌓이게 될 것이오**"(수 3:13, 쉬운성경)라고 하셨다. 홍해가 양쪽으로 갈라졌다면, 요단강은 자연적인 댐이 생겨 물줄기를 막아내듯 할 것이다. 하나님은 참으로 같은 기적 같지만, 다양한 방법을 사용하신다.

그런데 그 기적이 어느 곳에서부터 시작되는가?

요단이 곡식 거두는 시기에는 항상 언덕에 넘치더라 궤를 멘 자들이 요단에 이르며 궤를 멘 제사장들의 발이 물 가에 잠기자 곧 위에서부터 흘러내리던 물이 그쳐서 사르단에 가까운 <u>매우 멀리 있는</u> <u>아담 성읍 변두리</u>에 일어나 한 곳에 쌓이고 아라바의 바다 염해로 향하여 흘러가는 물은 온전히 끊어지매 백성이 여리고 앞으로 바로 건널새(수 3:15-16).

요단 강물이 쌓인 곳은 "매우 멀리 있는 아담 성읍 변두리"라고 하였다. 이곳은 제사장들이 언약궤를 메고 들어간 그 지점으로부터 30km 이상 떨어져 있다. 물이 상류부터 조금씩 조금씩 멈추어 맨땅이 되기까지 제사장들은 물 속에서 기다리고 있어야 했다. 그들은 300m도 아니고 3km도 아니고 30km 떨어진 곳에서 일어나는 일을 볼 수는 없다. 하지만 기다려야 한다.

우리 앞에 놓인 상황도 이와 같은 경우가 많다. 나는 목까지 차오른 물 한 복판에 있다. 이 상황에서 물이 줄어들런지, 아니면 물 때문에 침몰하여 죽을런지 알 수 없다. 오히려 우리는 죽을 것 같다는 두려움과 공포로 물 밖으로 얼른 나오고야 말 것이다. 그래서 요단강을 건너지 못하고 늘 요단 강 언저리에서 서성이는 신앙이 되고 만다. 이러지도 저러지도 못하는 신앙, 예수님을 안 믿는 것도 아니고 그렇다고 제대로 믿는 것도 아닌 어정쩡한 모습을 10년 전부터, 아니 20년 전부터 지금까지 계속 그러고 있다. 왜? 지금 당장, 아니면 내가 원하는 시점에서 하나님의 활동이 보이지 않기

꿀꿀한 오늘이라도 주님의 기대로 살기

때문에 그 상황을 피하려고만 하기 때문이다. 그래서 더 큰 은혜, 더 놀라우신 하나님, 함께 하겠다는 예수님의 약속이 나에게만은 예외인 것이다. 그런 까닭에 내게 이루어졌어야 했을 하나님의 역사와 기적이 미지급되어 산적하게 쌓여 있다.

크기가 50-75cm인 아프리카 임팔라는 점프 실력으로 유명하다. 임팔라는 한 번에 3m 높이에 멀리 9m까지 점프할 수 있다. 임팔라를 우리에 가둬놓으려고 할 때, 매우 어려울 것이라고 생각할 수 있다. 하지만 방법은 의외로 간단하다. 1m도 안 되는 90cm 높이의 담장만 있으면 된다. 임팔라는 착지할 지점이 시야에 들어오지 않으면 점프 하지 못한다. 우리가 신앙생활 하는 것도 이와 비슷하다. 하나님의 활동은 이미 시작하고 계시지만, 내 눈에 보이지 않기 때문에 상황에 짓눌려 버리기 일쑤이다. 그리고 그 자리에 주저앉아 상황의 희생자가 되고 만다. 바벨론 포로에서 고국으로 돌아간 이스라엘 백성이 사마리아 사람들로부터 고통당한다. 이를 위해 다니엘은 민족의 장래사를 놓고 금식하며 기도하기 시작한다. 하지만 그의 기도 헌신이 무의미한 것처럼 시간만 흐른다. 그러다가 21일째 되는 날 이상 중의 한 사람이 나타나 말씀한다.

그가 내게 말했다. '다니엘아, 두려워하지 마라. 얼마 전에 네가 깨달음을 얻으려고 하나님 앞에서 겸손해지기로 결심한 때부터 하나님께서 네 기도를 들으셨다. 내가 온 것도 네 기도 때문이다. 그러나 페르시아의 왕이 이십일 일 동안 나를 막아서 그와 싸우고 있을 때, 가장 귀한 천사 가운데 하나인 미가엘이 와서 나를 도와주었다.' (단 10:12-13, 쉬운성경).

다니엘이 하나님께 자신을 드린 첫날부터 이미 하나님께서 그를 들으셨다. 하나님의 활동은 이미 시작되었다. 하지만 하나님으로부터 보냄 받은 영이 악령들로부터 거센 도전 받아 잠시 지체되었을 뿐이다. 그렇다고 해서 하나님의 도우심을 결코 방해하여 저지시킬 수는 없었다. 영의 세계에게나 앞으로 어떤 일이 일어나는지 우리는 볼 수 없다. 하지만 하나님은 보이지 않는 중에도 자기 백성을 위해 일하신다. 내 시간표가 아닌 하나님의 시간표를 기다려야 한다. 그것은 대단한 믿음이다. 신뢰함으로 기다리는 것은 하나님의 역사를 재촉하는 믿음 행위이다. 90cm 높이의 상황이 우리의 눈을 가릴 수는 있으나, 하나님의 일하심을 막아낼 수는 없다. 90cm 높이의 상황이 우리 믿음을 가리지 않게 해야 한다. 하나님의 활동을 믿음의 눈으로 보고 기다림으로 응답의 역사를 맛보길 다짐해야 한다.

꿀꿀한 오늘이라도 주님의 기대로 살기

3. 해야 하는 일을 일관되게 하라

> "여호수아는 이스라엘 백성에게 말했다. '주목하십시오! 하나님 여
> 러분의 하나님께서 하시는 말씀을 들으십시오. 하나님께서 여러
> 분 가운데 살아 계심을 여러분이 이제 알게 될 것입니다. 그분께서
> 가나안 사람, 헷 사람, 히위 사람, 브리스 사람, 기르가스 사람, 아모
> 리 사람, 여부스 사람을 여러분 앞에서 완전히 쫓아내실 것입니다.
> 여러분 앞에 있는 것을 보십시오. 언약궤입니다. 생각해 보십시오.
> <u>온 땅의 주께서 여러분이 보는 앞에서 요단 강을 건너실 것입니다</u>'
> (수 3:9-11, 메시지).

이스라엘 백성이 요단강을 건너려는 것에는 다른 길이 있지 않
다. 다른 방법을 만들어낼 수도 없지만, 이스라엘이 그렇게 해서도
합당하지 않다. 왜냐하면 하나님이 이스라엘 백성에게 요단강을
건너게 하신 방법은 지금과 같은 것이기 때문이다. 메시지 성경은
하나님의 언약궤가 백성들 앞서 간다고 표현하지 않는다. 하나님
께서 직접 요단 강을 건너신다고 번역하였다.

이스라엘 백성이 요단강에 들어서고, 건너야 하는 이유는 다른
데 있지 않다. 하나님이 그들 앞에서 이끄시기 때문이다. 하나님은
그렇게 하심으로써 자신과 자기 백성이 높임 받기로 작정하셨다.

하나님은 요단 강 도하로 앞으로 있을 가나안 7년 전쟁의 승리의 교두보 삼기로 작정하셨다. 40년 전 이스라엘의 홍해 사건을 가나안 족속이 들어 알고 있었다. 그 정보로 그들은 지금까지도 두려움으로 혼비백산한 상태였다. 정신 잃을 지경인데다가, 이번에는 그와 비슷한 기적을 가나안 족속이 직접 목격하게 하신다. 가나안 족속은, 이스라엘의 요단 강 도하 사건으로 혼비백산이 아니라, 실신한 상태가 되었다. '도끼로 이마 까'에서 '깐데 또 깐 격'이 되었다.

그러니 이스라엘 백성은 하나님의 작정하심을 믿고 따르기만 하면 된다. 뒤도 돌아보지 말고 말씀하신대로 따라 건너가기만 하면 되었다. 이번 뿐만 아니라 앞으로도 상황, 형편이 어떻든 하나님 백성으로 하나님을 따르는 자리에 있어야 한다. 이러한 신앙적 태도를 다르게 표현하면 온전함(integrity)라고 할 수 있다. 불시의 순간을 포함해 어떤 상황에서도 일관성 있는 행동을 뜻한다. 평소에는 안정돼 있고 충실하지만, 불안정한 상황이 되면 달라지는 그런 삶이나 태도가 아니다.

노아는 하나님으로부터 방주 프로젝트를 듣는다. 하나님이 말씀하신 방주의 크기는 길이가 135m, 폭이 22.5m, 높이가 13.5m 정도이다. 축구장보다 1.5배 정도 크다. 우리나라의 홍석원 박사 팀은 실제 1/50이 크기의 실험용 방주를 건조하였었다. 그리고 해사기술연구소의 대형 수조(길이 200m, 폭 16m, 수심 7m)에서 인공적으

꿀꿀한 오늘이라도 주님의 기대로 살기

로 다양한 높이, 강도, 속도의 조류, 파도, 풍랑, 바람을 만들어 매우 다양한 상태로 실험을 했다. 그 결과 노아의 방주는 현대 기법으로 제작된 어느 선박보다도 뛰어난 안정성을 가졌다고 실증되었다. 방주의 길이와 너비와 높이가 30:5:3인데, 이는 매우 뛰어난 선박 안정의 황금비율로 밝혀졌다. 이것에 착안해서 만든 미국 전함 'U. S. S. 오리건 호'는 지금까지 건조된 것 중 가장 견고한 군함으로 간주되고 있다.

하지만 여기서 한 번 생각해 보라. 하나님의 방주 프로젝트는 120년 걸렸다. 120년 동안 노아는 망치질을 해야 한다. 홍수 심판 전이기 때문에 지구는 온실효과였다. 그 말은 노아가 지금까지 비라는 것을 본 일도 없고, 그게 뭔지도 알지 못했다는 뜻이다. 유대 전승에 의하면 노아는 방주 짓는 일부터 한 것이 아니라, 나무를 심어서 자란 나무를 베어 목재로 만든 후, 방주를 지었다고 말한다. 모든 조선소는 항만 가까이에 있다. 하지만 방주 작업은 가장 높다고 하는 아라랏 산 위에서 이루어져야 했다. 사막에다 배 만드는 일과 같다. 그런 상태에서 망치질을 120년 동안 해야 했다. 비에 대한 개념, 비합리적인 시간과 장소, 방법으로 인해 사람들에게 비웃음 받는 일은 당연하였다. 그럼에도 노아는 한 길로 걸어갔다. 하나님께서 그에게 말씀하셨기 때문이다. 그것이 온전함이다.

코자크 지올코브스키라는 사람이 있었다. 이 사람은 전설적인 인디언 추장 크레이지 호스 조각상을 산에 새겨달라는 의뢰를 받았다. 그 크기가 무려 43층 건물에 해당된다. 그는 30년 이상 그 일에만 전념하였다. 그는 운명하였고, 그의 유족에 의해 계속 진행 중인데 2050년에 완성될 예정으로 100년 걸리는 작업이다. 지올코브스키는 생전에 어떻게 그 일에 자기 평생을 바칠 수 있느냐는 질문을 받았다. 그때 그는 "여러분의 인생이 끝날 때 세상은 여러분에게 한 가지를 질문할 것입니다. **당신은 당신이 하기로 되어 있는 일을 했는가**라는 질문입니다"라고 하였다. 이것처럼 우리 신자에게 더욱 적절하고 생생한 말은 없다. 주님은 우리의 성공, 치적, 성취 등을 물어보시는 것이 아니다. 우리가 하기로 되어 있는 그 일을 했느냐는 것이다. 노아는 그러했다. 그리고 이스라엘 백성에게 요구하는 바도 그것이었다. 하나님을 따라 요단을 건너야 한다. 앞으로도 하나님이 요구하시는대로 해야 한다. 그것이 이스라엘 백성의 일이었고 우리 신자들의 일이다. 내가 주님으로부터 받아, 하기로 되어 있는 그 일을 하라. 그것이 상황을 이기고 상황으로부터의 자유함을 맛보는 비결이다.

아홉 번째 이야기

감사의 조건으로 변화시켜라

📖 삼상 7:1-14

이스라엘 백성은 매우 곤란한 처지에 있었다. 20년 전 블레셋과의 미스바 전투에서 패하고 하나님의 법궤까지 빼앗겼다. 당시 이스라엘은 하나님을 사모하는 것이 아니라 하나님의 법궤를 우상처럼 여겼었다. 그 결과 법궤를 빼앗기는 실패를 겪었다. 법궤를 빼앗은 블레셋은 자신들을 수호할 신을 얻었다며 좋아했으나, 하나님은 그들을 저주하셨다. 그래서 블레셋은 법궤를 둘 수 없어, 그들 경계선에 가까이 위치한 기럇여아림 아비나답의 집에 두게 하였다. 그런 상태로 20년이 지났다. 이는 블레셋에게 20년간 억압 받았다는 뜻이며, 이스라엘의 영적 쇠퇴로 민족적 위기를 나타낸다.

하지만 이스라엘이 그런 영적, 정신적, 육적인 나태함과 식민 생활에서 벗어나 승리하였다고 말씀한다. 그리고 에벤에셀 '하나님이 여기까지 인도하셨다'는 기념비를 세우게 된다. 하나님이 이스라엘의 과거 수치는 물러가게 하시고 현재를 새롭게 하시며 미래를 소망 있게 하셨다는 뜻이다. 우리도 에벤에셀의 하나님을 경험할 수 있을까?

감사로 변화 조건 1: 은혜가 필요하다고 외치라

2절에 "궤가 기럇여아림에 들어간 날부터 이십 년 동안 오래 있은지라 이스라엘 온 족속이 여호와를 사모하니라"라고 하였다. '사모하다'는 말은 '크게 울다' '부르짖다'는 뜻이다. 그들은 하나님 앞에서 슬퍼하며 하나님만을 추구하기로 마음먹는다. 지금까지는 그러질 않았다. 하나님의 백성이 하나님만을 추구하지 않으면 어디로 가든 망하는 것이다. 그러니 이스라엘은 하나님의 백성으로서 민족의 정체성을 잃어버리고, 이방세력으로부터 압제를 당하였다. 이는 보통 수치스러운 일이 아니다. 더더군다나 이스라엘을 이스라엘 되게 하는 하나님의 임재 상징 법궤. 성막은 있는데, 성막 안에 모셔져야 할 법궤는 엉뚱한 곳에 가 있었다. 이 상황을 말하면, 이스라엘은 혼이 나갔다이다.

고통 당하던 그들이 선지자 사무엘의 말씀에 따라 미스바, 20년 전 실패의 장소로 모인다. 그들이 하나님을 사모하기 때문이었다.

꿀꿀한 오늘이라도 주님의 기대로 살기

반대로 블레셋은 절호의 기회로 여겼다. 이스라엘을 일망타진함으로 팔레스틴을 완전히 정복할 수 있는 최적의 조건이었기 때문이다. 그러나 이스라엘이 모여 있던 미스바는 기쁨과 감사와 노래로 변하였다. 어떻게 해서 이런 극적인 변화를 맛볼 수 있게 되었을까? 우리 삶에도 패배의 장소이며 실패에 대한 기억만이 또렷하게 남아 있는 그 일이 노래거리가 되고 감사와 찬양의 주제가 될 수 있겠는가?

그렇다, 얼마든지 그렇게 될 수 있다. 고통이 변하여 기쁨이 되고 신음이 변하여 찬양이 되며 실패가 하나님의 역사를 체험하는 기회가 될 수 있다. 하나님을 사모하는 자에게 그러한 기적과 은혜를 맛보게 하신다. 예수님의 수태고지를 전해 들은 마리아는 메시아의 오심에 대한 감사 찬양을 고백한다. 그중 누가복음 1장 53절에 "주리는 자를 좋은 것으로 배불리셨으며 부자는 빈 손으로 보내셨도다"(눅 1:53)라고 하였다. 하나님께서는 주리는 자를 좋은 것으로 배불리시지만 부자는 빈손으로 보내신다는 것이다. 하나님은 그의 은혜를 사모하는 자 그를 배부르게 하신다는 말씀이다. 그러나 하나님의 은혜와 축복을 받을 마음이 없고, 스스로 배부르다고 생각하는 자에게는 국물도 없다는 뜻이다.

또 시편 81편 10절 말씀에서는 "나는 너희를 이집트 땅에서 이끌어 낸 주 너희의 하나님이다. 너희의 입을 크게 벌려라. 내가 마음껏 먹여 주겠다"(시 81:10, 표준새번역)라고 하셨다. 하나님은 그의 은혜를 누구에게 채워준다고 하셨는가? 입을 벌리는 자에게 채워주신다. 그 입도 크게 넓게 벌리는 자에게 그리 하신다. 어미새가 새끼 새들에게 먹이 주는 것 보았는가? 목을 쭉 빼고 입이 찢어져라 벌려대는 그 새끼에게 먼저 먹이를 준다. 하나님의 은혜를 간절히 원하니까, 하나님의 도움의 손길을 사모하니까 그는 입을 크게 벌린다. 하나님은 "그가 사모하는 영혼에게 만족을 주시며 주린 영혼에게 좋은 것으로 채워주심이로다"(시 107:9)라고 하셨다.

하나님은 사모하는 자에게 그의 영혼에 만족함을 주신다. 사모하는 자는 자기의 못남을 알기 때문에, 또 자기 실력으로는 결코 영혼의 기쁨, 현재의 상황을 타개해나갈 수 없음을 안다. 그러니까 '하나님의 은혜가 아니면 나는 죽습니다, 나는 머저리로 남을 수밖에 없습니다, 실패의 장소가 또 실패의 장소로 확인 될 뿐입니다'라고 고백하는 자이다. 그러니 그의 입을 크게 벌리며 하나님의 은혜를 사모하게 된다. 천국은 침노하는 자들의 것이라고 하였다. 하나님을 사모하는 자들의 갈망이 들어 있다. 은혜도 받는 사람이 받는다. 그 맛을 알기 때문이다. 이스라엘 백성이 위기의 때, 실패의 장소에 승리의 기념비를 세울 수 있었던 것은 돌이켜 하나님을 사모하되, 전심으로 사모하였기 때문이다. 하나님의 은혜를 마구 빗겨가는 사람들이 있다. 놀라울 다름이다. 하나님의 은혜가 필요하

꿀꿀한 오늘이라도 주님의 기대로 살기

다고, 그 은혜만이 우리를 살게 하는 능력이 된다고 구하라. 자신을 살펴 배부른 자에서 사모하는 자로 영적 전환이 있어야 한다.

감사로 변화 조건 2: 듣기 힘겨운 교훈을 들으라

3절에서 사무엘은 "만일 너희가 전심으로 여호와께 돌아오려거든 이방 신들과 아스다롯을 너희 중에서 제거하고 너희 마음을 여호와께로 향하여 그만을 섬기라 그리하면 너희를 블레셋 사람의 손에서 건져내시리라"(삼상 7:3)라고 하였다. '여호와께 향하다'는 '견고하게 세우다, 단단하게 세우다'는 뜻이다. 그러니까 어떤 상황에도 흔들림 없이 하나님께만 마음을 두라는 말씀이다. 마치 못으로 물건을 고정시킴과 같이 하나님께 너희 마음을 못 박아 놓으라고 하였다. 이것이 사모하여 미스바에 나온 이스라엘 백성에게 들려준 사무엘의 교훈이었다. 하지만 지금 이 때에 이 교훈을 듣게 하는 것이 경우에 합당한가? 지금 이스라엘이 처한 상황에서는 맞지 않다.

블레셋 족속은 행정 구역을 편의상 다섯 곳으로 나눠 통치했다. 혈연이 아닌 그들 생존에 필요한대로 분할했기 때문에 조직상으로 매우 발달한 민족이었다. 그러니까 문제가 생길 때 재빨리 단합하여 신속히 처리할 수 있었다는 말이다. 탁월한 정치조직을 가졌던 것이다. 또한 그들은 전사들이다. 크레타 섬에서 온 해양민족으로 팔레스타인을 야금야금 침략하여 해안 평지를 거점으로 삼았다. 그들은 팔레스틴 전부를 점령하여 지중해 북쪽으로 시돈에까지 이르고자 하는 야망이 있었다. 제국을 이뤄보려는 전사들이며 포악한 자들이었다. 게다가 히타이트 제국으로부터 철을 다루는 기술을 얻어 철무기를 가지고 있었다.

거기에 비하자면, 이스라엘은 혈연 관계로 지역이 분할되어 있었다. 그러니 혈연 관계의 일이 아니라면 단합이 잘 이뤄지지 않았다. 매우 강력한 리더십이 아니면 도무지 말을 들어먹질 않고 제멋대로이다. 블레셋이 철을 다루고 철무기를 가지고 있는 반면, 이스라엘에는 철무기가 없다. 블레셋이 그것을 허락하지 않았기 때문이다. 이스라엘이 하나님의 백성 노릇 하고, 실패의 미스바가 승리의 미스바로 되기 위해서는 블레셋을 무찔러야 한다. 그렇다면 사무엘은 이스라엘의 약점을 알아 그 대안을 말해야 했다. 그럼에도 사무엘은 단지 이방 신들과 아스다롯을 제거하라고만 할 뿐이었다. 이것이 사무엘이 긴박한 상황에서 요구했던 말씀이었다. 이는 돌진해 오는 블레셋에 의해 몰살 당할 위기로 몰아넣은 꼴이 되었다.

꿀꿀한 오늘이라도 주님의 기대로 살기

그렇더라도 사무엘 그가 하나님이 보내신 선지자라고 할 때, 이 스라엘은 그의 말을 들어야 했다. 그것이 일반법칙과 사회 상식을 무시하라는 뜻이 아니다. 하지만 충돌 할 때면 언제나 하나님의 법을 따라야 한다는 말이다. 듣기 좋은 말만을 듣는다면 이스라엘 백성처럼 망하는 길로 가는 것밖에 없다. 이스라엘 백성은 듣기 좋은 말만 하는 거짓 선지자들을 곁에 두었다. 그것은 스스로 심판하는 것과 같았다. 왜냐하면 하나님의 가장 큰 심판 중 하나는 그들에게 올바른 말씀, 그들이 행해야 할 바를 알려줄 지도자가 없게 하신 일이었다. 잠언 11장 14절에는 "지략이 없으면 백성이 망하여도 지략이 많으면 평안을 누리느니라"(잠 11:14)고 하였다. 지략은 백성들을 올바로 인도하는 조언, 권고이다. 백성들이 복을 받게 하는 길로 안내해줄 인도자가 없다면 망한다는 뜻이다. 그래서 표준새번역은 "지략이 없으면"을 "지도자가 없으면"으로 번역했다.

가정적으로 매우 어려움을 겪게 된 분이 있었다. 자기가 알지도 못하는 사이에 그의 집이 담보 잡혀서 업체에 넘어가게 생겼다. 어머니가 쓰러져 입원해서 간병도 해야 했다. 어린 조카도 돌봐야 했다. 직장 다녀야 했다. 시간이 너무 부족하다. 자기 몸 하나 챙기기도 힘들었다.

그때 목회자가 무슨 말을 하겠는가? 리더로 섬기라고 했다. 그 상황에 그것이 말이나 될 법한가? 너무 한다고 하지 않겠는가? 쉬어도 부족할 판에, 교회 떠나지 않는 것만으로도 감지덕지 할 판에 리더로 섬기라니 말이다. 그는 목회자의 말을 따랐다. 어떻게 되었을까? 그 과정을 어떻게 다 말할 수 있겠는가!

결과만을 이야기한다는 것이 너무 얄팍한 느낌마저 든다만, 힘겨운 싸움에서 이겨냈다. 잃었던 것을 다시 찾았다. 돌아가실 것 같은 어머니는 회복되었다. 모든 것이 완벽하게 이뤄졌다는 것은 아니다. 하지만 그의 상황은 감사의 노래를 부를 수 있는 조건으로 변화 되었다. 이와 같은 은혜로 감사의 노래를, 우리도 부를 수 있다.

감사로 변화 조건 3: 하나님이 이끄시는대로 나아가라

사무엘이 따르기 어려운 교훈을 말씀한다. 그러자 이스라엘은 "사무엘이 이르되 온 이스라엘은 미스바로 모이라 내가 너희를 위하여 여호와께 기도하리라 하매 그들이 미스바에 모여 물을 길어 여호와 앞에 붓고 그 날 종일 금식하고 거기에서 이르되 우리가 여호와께 범죄하였나이다 하니라 사무엘이 미스바에서 이스라엘 자손을 다스리니라"(삼상 7:6-7)라고 하였다. 사무엘의 교훈을 듣고 따르지 않는다면 아무 소용이 없다. 패배와 슬픔의 기억을 지울 수

꿀꿀한 오늘이라도 주님의 기대로 살기

없다. 하지만 이스라엘은 곤란 중에 그 교훈을 따랐다. 그러자 사무엘은 하나님께 기도 드렸고, 하나님은 그 기도에 응답하셨다.

위기일지라도 하나님의 교훈을 따라 도전적으로 뛰어 들어갈 때 변화의 역사를 이룰 수 있다. 상황이 좋을 때, 또 모든 여건이 만족스럽고 보장이 확실하다고 할 때면 누구나 하나님 말씀을 따를 수 있다. 하지만 하나님의 교훈을 따르려고 할 때 세상이 그렇게 하라고 말해 주는가? 그렇지 않다. '사전 주입 실험'을 처음 고안해 낸 사람은 존 바그라는 심리학자이다. 피험자는 단지 언어 테스트만을 받고 있다고 생각한다. 그 단어들은 노인 혹은 무례함과 관련되어 있다. 그들은 실험 전과 후, 테스트에 대해서 또 자기 행동에 대해 전혀 알지 못한다. 그러나 그 테스트를 마치고 나갈 때쯤 노인처럼 혹은 무례한 사람으로 행동 하더라는 것이다. 무의식의 영향력이라고 할 수 있다. 그것은 엄청난 파급 효과가 있다고 하였다. 세상이 조성하는 분위기, 환경, 우리 마음에 침식해 들어오는 것들이 이와 같다. 암암리에 절망을 조장한다. 지금과 같은 시기에 무슨 소리냐고 한다. 내 능력 이상 아무 것도 할 수 없다고 말한다. 안 된다는 거절과 부정뿐이다. 아무런 소망 없어 보인다.

하나님 교훈을 따를 여건이 될 때까지 기다린다? 지혜롭지 못하다. 아마 매우 짧은 시간 동안, 말씀에 따를 수 없다는 수 백 가지 이유를 떠올릴 수 있을 것이다. 하나님의 말씀에 따라 위기 속으로 뛰어 들어가야 한다. 한 발자국도 떼지 않고는 아무 것도 알 수 없다. 말씀따라 한 발자국을 떼야 그 다음 내디딜 위치를 만들어 주고 보여 주고 걷게 하시는 것이다. 사울 왕의 아들 요나단을 보라. 이때도 블레셋의 침략으로 이스라엘이 어려움 당했다. 철을 다루는 기술은 블레셋에게 있었기 때문에, 오직 사울 왕과 왕자인 요나단에게만 칼이 있었다. 나라 전체에 단 칼 두 자루만 있다. 전쟁에서 이길 수 있겠는가? 절대 열세, 절대 절망이다. 하지만 요나단은 절대 열세를 절대 승리로 바꾸는 사람이 된다. 벼랑 아래에 있었던 요나단은 무기든 병사와 함께 하나님의 일하심에 대해 이야기 나눈다. 블레셋 군대가 자기들을 발견하고는 "거기 있으라"고 하면 도망가야 할 것이고, "벼랑 위로 올라오라"고 하면 하나님이 이 싸움을 맡기셨다는 징조로 삼자고 하였다.

전초부대의 군인들이 요나단과 그의 무기를 든 병사에게 소리쳤다. '이리로 올라오너라. 너희에게 보여 줄 것이 있다.' 요나단이 자기의 무기를 든 병사를 돌아보며 말하였다. '너는 나를 따라 올라오너라. 주께서 그들을 이스라엘의 손에 넘겨 주셨다.' 요나단이 손과 발로 기어 올라갔고, 그의 무기를 든 병사도 그 뒤를 따라 올라갔다. 요나단이 블레셋 군인들을 쳐서 쓰러뜨렸

꿀꿀한 오늘이라도 주님의 기대로 살기

고, 그의 무기를 든 병사도 그 뒤를 따라가면서, 닥치는 대로 쳐 죽였다. 이렇게 요나단이 자기의 무기를 든 병사와 함께, 겨릿 소 한 쌍이 반나절에 갈아엎을 만한 들판에서, 처음으로 쳐죽인 사람은 스무 명쯤 되었다. 이때에 블레셋 군인들은, 진 안에 있는 군인들이나 싸움터에 있는 군인들이나 전초부대의 군인들이나 특공대의 군인들이나, 모두가 공포에 떨고 있었다. 땅마저 흔들렸다. 하나님이 보내신 크나큰 공포가 그들을 휘감았다 (삼상 14:12-15, 표준새번역).

하나님께서 '내 말을 듣고자 하느냐, 그럼 벼랑 위로 올라가라' 하시니 요나단과 그의 병사는 벼랑 위로 올라갔다. 손과 발로 기어 올라갔다. 싸움은커녕 올라가다가 기운 다 빠진다. 그런데도 하나님의 싸인으로 믿었기에 위기 속으로 뛰어 들어갔다. 그랬더니 단 두 사람, 칼 한 자루를 가지고 블레셋 전초기지를 초토화시켰다. 블레셋 전 부대를 공포의 도가니로 몰아넣었다. 민족 전체가 승리의 개가를 부르게 되었다.

미스바에서도 이스라엘은 블레셋이 쳐들어오는데 금식하며 하나님의 은혜를 사모한다. 사무엘의 교훈에 따라 빈손으로 나갔지만, 하나님은 큰 우레로 승리하게 하셨다. 유대인 역사가 요세푸스에 의하면, 큰 우레뿐 아니라 땅이 갈라지고 불이 솟아나와 블레셋 족속의 손과 얼굴을 태웠다고 하였다. 이스라엘은 잃었던 지경, 에그론으로부터 가드까지 되찾게 되었다. 또 가나안 족속 중 가장 강력한 족속 아모리인과 화평하게 지낼 수 있었다. 그들은 이스라엘의 승리를 보고 위세에 눌려 화평하고자 요청한 것이다. 미스바의 아픈 기억이 미스바의 기념비로 바뀌게 된다. 실패와 상처의 장소가 승리와 회복의 장소로 변화 되었다. 이런 인생을 살고싶지 않는가? 하나님께 은혜가 필요하다고 외치라. 듣기 힘겨울지라도 주님의 요구라면 들으라. 위기처럼 보일지라도 말씀 붙잡고 담대히 가라.

열 번째 이야기

은혜 받고 은혜 주는 자임을 기억하라

📖 삼상 23:14-29

아들러라는 심리학자는 무엇을 기억하느냐가 그 사람의 오늘이라고 하였다. 기억하는 그것으로, 지금처럼 사는 것을 변명하고 합리화하기 때문이다. 자전거 타다 넘어진 기억이 있는 사람은 트라우마가 생겨서, 지금 자전거를 타지 못한다고 말한다. 하지만 그는 자전거를 타다가 넘어진 기억 때문에 지금 자전거를 타지 못하는 것이 아니다. 그는 자전거를 타기 싫어한다. 자전거 타다 넘어지는 것을 타인이 어떻게 생각할까, 그들 시선이 두려워 자전거에 트라우마가 있다고 변명한다는 것이다.

이와 같은 내용으로 우리 자신을 비춰보라. 우리의 기억이, 지금을 사는데 변명의 이유가 되고 합리화시키는 도구로 이용되고 있지 않는가? 그때와 비슷한 상황, 환경, 사람을 연상시키는 대상이 나타나면, 그때의 괴로움이 나를 어쩔 수 없게 만든다고 말하지 않느냐 하는 것이다. 그렇다면 우리는 현재를 사는 것이 아니라 과거에 묶여 있는 포로 인생이다. 성령께서 우리 내면에 변혁의 역사를 주시지 않는다면 우리는 그와 같은 일들을 계속 반복할 가능성이 높다. 변혁의 은혜, 과거에 묶여 있는 삶에서 자유한 삶으로 변화되길 간구해보라. 어떻게 해야 상황에 매인 삶이 아닌, 자유의 삶을 살 수 있겠는가?

1. 어떻든 피해자의 삶을 거부하라

> 그리하여 다윗은 광야의 산성을 찾아다니며 숨어서 살았다. 그는 바로 십 광야의 산간지역에서 살았다. 그 동안 사울은 날마다 다윗을 찾았지만, 하나님이 다윗을 사울의 손에 넘겨주지 않으셨다(삼상 23:14, 표준새번역).

다윗은 블레셋 족속이 그일라를 약탈하려 하자, 그들 주민을 구원해주었다. 하지만 사울 왕이 무장 군인을 이끌고 다윗을 잡고자 그일라로 온다. 그러자 그일라 주민은 다윗을 사울에게 넘겨주려 했다. 그래서 다윗은 십 광야로 도망해 왔다. 그러자 이번에는 십 사람들이 다윗이 자기 지역 호레스 성에 숨어 있다고 고발하였다.

그일라 주민이나 십 주민이나 모두 유다 지파에 속한다. 다윗도 유다 지파이니, 한 동향으로 도와야 할 것이다. 오히려 거꾸로이다. 그렇다면 다윗과 그의 무리는 고발한 사람들을 색출해서 보복해 주어야 한다. 일반적으로 이런 경우, 배신한 자들에게 본때를 보여줘야 한다. 그렇게 하는 것이 당연하다. 조지 W. 부시(George W. Bush)가 대통령이 된 다음, 펼친 정책을 ABC정책이라고 하였다. ABC 정책은 '클린턴이 했던 것만 아니면 뭐든 된다(Anything But Clinton Policy)'라는 뜻이다. 왜 싫으냐, 클린턴이기 때문이다. 다른 이유가 없다. 모든 정책에서 클린턴이 연상되는 것조차 지워버리려고 했다. 이것이 세상 사람들이 가지고 있는 마음가짐이다.

더더군다나 생명을 구해준 자들이 배신하였다면, 복수심이 더욱 불타오를 것이다. 이 시기에 쓴 다윗의 시편들은 그가 매우 고통스러운 처지에 있었음을 알게 한다. 억울하여 분노할 수 있고 피해자로 살아갈 수밖에 없다. 그럼에도 다윗에게 그런 모습을 찾아볼 수 없다. 세상과 원수의 전략은 사람들을 가해자와 피해자로 나누는 것이다. 가해자와 피해자로 나누면 억압과 지배, 분노와 억울함, 그리고 보복, 복수이다. 그래서 세상은 어떻게 해서든 갑의 위치에 있으려고 한다. 그런 다음, 을의 위치에 있는 사람들을 짓누른다. 갑이라고 해도 다같은 갑이 아니다. 그 안에도 주류 갑이 있고 비주류 갑이 있다. 주류 갑이라고 다 똑같지 않다. 그 안에서도 원조, 핵심, 적자 등등으로 또 나눠진다. 아무튼 갑이 되면 할 수 있는 모든 것을 동원해서 복수, 응징을 하려 든다. 그런 위치가 아니면 분노로 억울한 마음에서 '어디 두고 보자'이거나 '너나 잘해'라는 무관심으로 일관할 수 있다. 어쨌든 피해자로서의 삶을 산다. 불쑥 불쑥 분노가 끓어오른다. 격정적으로 분노를 쏟아낸다. 그러면서 자신을 자책하고 자괴감에 빠진다. 신자를 상대로 원수가 노리는 것이 이렇다. 내 마음 같지 않은 상황을 이용해서 울분에 차고, 피해자처럼 살길 바란다. 그것으로 실수를 저지르게 하며 영적으로 무너져 내려 앉길 노리고 있다.

2015년 프랑스 파리 테러로 130명의 사람들이 숨졌다. 그 중에 저널리스트 앙투안 레리의 아내 엘렌도 있었다. 바타클랑 극장에 있다가 테러리스트들의 총격으로 목숨을 잃었다. 레리는 테러범들을 향해 페이스 북에 글을 썼다. 너무도 특별하고 사랑했던 사람의 생명을 앗아갔으나, 하지만 테러범들은 결코 그에게 증오심을 가져다 주지 못할 것이라고 하였다. 테러범들은 레리를 비롯한 다른 사람들에게 증오심이 일어나길 바랬다. 분노와 미움으로 가득하고 이웃을 의심하게 하고 자기 안위를 위해 자유를 포기하길 원했던 것이다. 레리는 아내를 잃은 고통으로 마음이 찢어지고 몸부림하였다. 하지만 아내를 자유로운 영혼의 천국에서 다시 만날 것을 알고 있다. 그래서 매일 그랬던 것처럼 17개월 된 아들과 함께 행복

꿀꿀한 오늘이라도 주님의 기대로 살기

하고 자유롭게 삶으로써 테러범들을 괴롭힐 것이라고 했다. 아들에게서도 증오를 가져가지 못할 것이라고 적었다. 레리의 글로 파리 시민들은 일상의 행복을 지켜내자는 운동을 펼쳤다.

고통스러운 부분, 원치 않는 상황이 없는 것처럼 가장할 수 없다. 인정하고 받아들여야 한다. 그렇다고 해서 반드시 피해자가 되라는 법은 없다. 아니 앙투안 레리처럼 피해자의 삶이 되길 거부해야 한다. 신자는 피해자가 될 수 없다고 저항해야만 한다. 우리는 예수님의 사랑으로 하나님의 용서를 입었고 그의 자녀가 되는 영광을 얻었다. 우리의 곤경과 상황보다 더 큰 하나님의 영광을 보지 못한 채 피해자의 삶을 살 수 없다. 하나님의 자녀로 피해자의 삶을 살게 하려는 원수의 계획을 능히 이겨갈 수 있다.

2. 시혜자의 삶으로 세상 기대를 깨뜨리라

> 다윗은, 블레셋 사람이 그일라를 치고, 타작한 곡식을 마구 약탈하여 간다는 소식을 들었다. 그래서 다윗은 주께 여쭈었다. '내가 출전하여 이 블레셋 사람을 쳐도 되겠습니까?' 그러자 주께서 다윗에게 허락하셨다. '그렇게 하여라. 어서 출전하여 블레셋 족속을 치고, 그

일라를 구해 주도록 하여라.' 그러나 다윗의 부하들이 반대하고 나섰다. '우리는 여기 유다에서도 이미 가슴을 졸이며 살고 있는데, 우리가 그일라로 출전하여 블레셋 병력과 마주친다면, 얼마나 더 위험하겠습니까?' 다윗이 주께 다시 여쭈어 보았다. 그런데도 주께서는 똑같이 대답하셨다. '너는 어서 그일라로 가거라. 내가 블레셋 족속을 너의 손에 넘겨주겠다.' 그래서 다윗이 그일라로 출전하여 블레셋 사람과 싸웠다. 결국 그들을 쳐서 크게 무찔렀으며, 블레셋 사람의 집짐승들을 전리품으로 몰아 왔다. 다윗은 이렇게 그일라 주민을 구원해 주었다(삼상 23:1-5, 표준새번역).

다윗은 사울 왕에게 13년 이상 쫓겨 다니는 신세가 된다. 그렇다고 그가 무능력한 자로 숨어 지낸 것만은 아니었다. 동포가 곤경에 처해 있을 때, 또 도움이 필요할 때 적극적으로 그들을 도와주었다. 여기서 그일라 주민을 도와 블레셋의 침략으로부터 건져낸다. 또 사무엘상 25장에서는 나발의 목동들을 돕고 외부 세력으로부터 보호해주었다. 27장에서는 술 광야와 애굽 국경선에 살고 있던 그술 사람과 기르스 사람과 아말렉 사람을 습격하기도 하였다. 그들은 오랫동안 이스라엘의 원수로 지금까지 괴롭혀왔던 민족들이었다. 그러니까 다윗은 피해자의 삶이 되지 않는 수준에서 멈추지 않았다. 오히려 긍휼을 베푸는 사람이 되었다.

꿀꿀한 오늘이라도 주님의 기대로 살기

하나님은 다윗을 통해 하나님 나라가 은혜의 왕국임을 드러내고자 하셨다. 열방이 이스라엘 백성을 볼 때, 이 민족을 떠받치고 있는 것은 무엇인가, 이 민족의 존립 근거는 무엇인가를 보여 주길 원하셨다. 하나님의 그러한 기대에 부응하는 사람이 다윗이었다. 세상 원리는 인과응보의 원리이다. 성공하는 사람은 성공할 이유가 있다. 공부 잘하는 사람은 머리가 좋든지, 부모를 잘 만났다든지, 엄청난 노력을 했다든지, 이것도 저것도 아니면 그날따라 재수가 좋았든지 공부 잘하는 이유가 있다. 이것이 원인과 결과가 딱 들어맞아 설명 가능한 인과응보의 원리이다. 그렇게 보자면, 다윗은 피해자가 되어 분노로 죽든지 아니면 사울에게 당한 만큼, 배신한 사람들에게 어떤 식으로든 되갚아주어야 한다.

그런데 다윗은 피해자로 사는 것도 아니고, 피해자의 삶이 되지 않는 것에서 멈춘 것도 아니다. 오히려 더 적극적으로 긍휼과 은혜를 베푸는 시혜자로 살더라는 것이다. 그것이 하나님 나라의 성격, 은혜의 통치를 보이는 삶이었다. 예수 그리스도의 삶이 그러하셨다.

그가 찔림은 우리의 허물 때문이요 그가 상함은 우리의 죄악 때문이라 그가 징계를 받으므로 우리는 평화를 누리고 그가 채찍에 맞으므로 우리는 나음을 받았도다 우리는 다 양 같아서 그릇 행하여

각기 제 길로 갔거늘 여호와께서는 우리 모두의 죄악을 그에게 담당시키셨도다 그가 곤욕을 당하여 괴로울 때에도 그의 입을 열지 아니하였음이여 마치 도수장으로 끌려 가는 어린 양과 털 깎는 자 앞에서 잠잠한 양 같이 그의 입을 열지 아니하였도다(사 53:5-7).

주님은 죄인들을 비난하지 않으시고 오히려 그들을 위해 속죄와 평화와 나음을 주셨다. 이것은 인과응보로 설명되지 않은 모습이다. 이것을 하나님의 은혜라고 말한다. 그리고 주님의 삶은 우리의 롤모델이 된다.

미국 펜실베이니아 주 랭커스터 카운티의 아미쉬는 전기와 문명 혜택을 멀리하고 옛날 방식으로 생활하는 신앙공동체이다. 아미쉬는 300년 이상 되었으며 문을 잠그지 않은 채 지내는 평화의 마을이라고 할 수 있다. 하지만 2006년 10월 아미쉬 학교에 우유트럭 운전수 로버츠가 침입해 들어왔다. 남학생 모두 밖으로 내보내고 10명의 여학생을 인질로 붙잡아두었다. 6-13살 사이의 여학생 다섯 명이 로버츠의 총격에 희생 되었다. 그 총격에서 살아남은 아이들의 증언에 따르면, 13살의 마리안 피셔가 범인에게 '나를 먼저 쏘세요'라고 하였다. 그 다음엔 마리안의 동생 11살 바비가 '나를 쏘세요'라고 하였다. 어린 동생들을 구하기 위해 자기 목숨을 내놓았던 것이다. 경찰이 들이닥치자, 범인은 스스로 목숨을 끊었다.

꿀꿀한 오늘이라도 주님의 기대로 살기

그는 아이 셋 달린 평범한 가장으로 범행 동기는 뚜렷하지 않았다. 사건 직후, 뜻밖의 일이 벌어졌다. 아미쉬 공동체가 범인을 무조건 용서한다고 발표한 것이다. 그리고 그의 가족을 찾아가 위로했으며, 범인의 장례식에 약 30명의 아미쉬가 참석했다. 그리고 희생자 여학생의 장례식에 범인 아내가 초대 되었다. 아미쉬는 성금을 받지 않는데, 이 경우에는 학교 재건축과 부상자 치료를 위해서 받았다. 그러나 범인의 유가족에게 가장 먼저 성금을 할애해주었다.

상황에 전복되지 않는 집단이 있다면 바로 그리스도인들이다. 오히려 상황을 전복시킨다. 우리가 이러한 사랑을 받았고 그 사랑의 삶으로 살도록 택함 받은 오늘의 다윗들이다. 어디에 있든 무엇을 하든, 혹은 어떤 상황에 처해 있든 이것을 기억해야만 한다. 우리는 시혜자이지 피해자가 될 수 없다. 시혜자 삶으로 세상이 충격을 받으며 그들 인생 방향을 변화시키는 역사가 우리에게서 나오도록 하자.

3. 십자가 짊으로 수혜자의 삶을 계속 살라

다윗은 억울한 사람이다. 사울을 살려 주지만 그때뿐이고, 또 죽이려고 쫓아온다. 자기 지파, 주변 사람들은 권력자에게 아첨할 뿐이지, 더 큰 하나님의 계획을 알려고 하지 않았다. 그렇더라도 다윗은 물 흐르듯, 바람부는대로 쫓겨 다닌다. 사울체제를 전복시키려고 어떤 세력을 규합하거나 전략을 세우려 하지도 않았다. 다만 하나님께 모든 것을 맡긴다. 그러니 숨어 있는 그에게 요나단이 찾아와 말한다.

> … 요나단이 그에게 이르기를 두려워하지 말라 내 아버지 사울의 손이 네게 미치지 못할 것이요 너는 이스라엘 왕이 되고 나는 네 다음이 될 것을 내 아버지 사울도 안다 하니라(삼상 23:16-17).

요나단이 누구인가? 사울 왕의 아들이다. 그는 왕자로 다음 왕이 될 사람이다. 그런데 그가 와서 하나님의 뜻과 계획을 전달해준다. 자기 아버지는 다윗을 잡지 못할 것이며 다윗이 반드시 이스라엘의 왕이 될 것이라고 확신시켜준다. 두려움에 있는 다윗에게 큰 위안이 된다.

그뿐만이 아니다.

> … 다윗은 사울이 십으로 오고 있다는 말을 듣고 부하들과 함께 그 광야의 남쪽에 있는 마온 황무지로 더 깊이 들어갔다. 그래서 사울도 그 곳까지 그들을 따라갔다. 결국 사울과 그의 군대는 산 이쪽으

꿀꿀한 오늘이라도 주님의 기대로 살기

로 가고 다윗과 그의 부하들은 산 저쪽으로 갔다. 다윗이 사울을 급히 피하려고 하였으나 사울과 그의 군대가 다윗을 잡으려고 포위망을 좁히고 있었다. 그러나 바로 그때 블레셋 사람이 이스라엘을 다시 침략해 들어오고 있다는 소식이 사울에게 전해지자 그는 하는 수없이 다윗의 추격을 포기하고 블레셋군과 싸우러 갔다. 그래서 그때 이후로 그 곳을 분리의 산이라고 불렀다(삼상 23:24-28, 현대인의성경).

다윗은 사울과 그의 친위부대 쫓아오는 것을 알고 마온 황무지로 들어갔다. 마온에는 거대한 바위가 있고 이편에서 저편 사이에는 매우 깊은 협곡이 있다. 먼 거리를 돌아가야만 반대편으로 갈 수 있다.

하지만 다윗은 겁에 질린 나머지 쉽게 건널 수 없는 협곡을 애써 건너려고 했다. 그 움직임을 사울은 위에서 빤히 바라다 보고 있었다. 그러니 다윗과 일행은 독 안에 든 쥐가 된 것이다. 바로 그 순간, 블레셋이 이스라엘을 쳐들어온다는 소식이 급히 전해진다. 이번에는 사울이 황급해졌다. 다윗 잡는 것을 포기하고 블레셋을 막기 위해 물러가야 했다. 그래서 사람들은 그 바위산을 셀라하마느곳, '나눔의 바위, 분리의 바위'라고 하였다. 블레셋이 쳐들어온 것이 우연이 아니라, 하나님의 섭리에 따라 일어났기 때문이다. 사울이 다윗에게 접근하지 못하도록 떨어뜨려 놓아주셨다. 죽음의 골짜기가 셀라하마느곳, 분리의 바위가 되게 하셨다. 이때 쓴 시편이 54편이다. 시편 54편 타이틀이 「십 사람이 사울에게 이르러 말하기를 다윗이 우리가 있는 곳에 숨지 아니하였나이까 하던 때에」라고 되어 있다. 그리고 3-4절에 "무법자들이 일어나 나를 치며, 폭력배들이 내 목숨을 노립니다. 그들은 하나같이 하나님을 안중에도 두지 않는 자들입니다(셀라). 그러나 하나님은 나를 돕는 분이시며, 주님은 내 목숨을 붙들어 주는 분이시다"(시 54:3-4, 표준새번역)라고 고백한다. 자기 십자가를 받아들이는 사람에게 주어지는 축복이다.

하나님이 모르는 상황이란 있질 않다. 그것이 사람 눈에 아무리 좋지 않게 보일지라도 말이다. 하나님은 상황을 요리조리 피해 가는 미꾸라지 신자를 기대하는 것이 아니다. 그 상황을 하나님의 은혜로 극복해 가는 모습을 보고 싶어하신다. 그리고 그 결과로 하나님이 얼마나 위대한 분인지, 우리가 얼마나 큰 사랑을 받고 있는 존재들인지 알게 하시길 원하신다. 그것으로 하나님은 영광을 받으신다. 우리는 겪는 상황은 우리의 적이 아니라, 더 큰 은혜를 가져다주는 도구가 된다. 이 현장이 없다면 우리가 받을 축복도 줄어들게 된다. 우리가 경험할 수 있는 하나님의 능력 크기도 경험할 수 없게 된다. 우리의 믿음이 자라고 하나님을 더욱 사랑하게 된 경우을 생각해 보라. 그때는 상황이 내 마음 같지 않았을 때였다. 그렇더라도

꿀꿀한 오늘이라도 주님의 기대로 살기

내 십자가를 지고 갈 때, 하나님은 더 큰 은혜를 부어주셨었다.

한 여성이 사는 게 너무 힘들어서 빨리 주님 나라에 가고 싶었다. 그래서 하나님께 빨리 천국 가고 싶다고 데려가 달라고 기도드렸다. 하나님께서 그녀에게 말씀하셨다. 3일 동안만 집안 구석구석을 깨끗이 청소해 놓아서, 그녀가 없어도 빛이 날 정도로 해놓으라고 하셨다. 그래서 그녀는 하나님께서 말씀하신 대로 했다. 집안이 그냥 봐도 깨끗하다. 그러자 이번에는 아이들 기억에 훌륭한 엄마였다고 할 수 있을 정도로 3일만 온 정성을 다해 잘해주라고 하셨다. 그렇게 했다. 마지막으로 3일만 다시 볼 수 없을 터이니 그녀가 정말 좋은 아내였음을 알 수도록 남편을 잘 섬겨주라고 하셨다. 그대로 했다. 그러고서 자신의 집을 둘러보니 깨끗하고 애들 얼굴에 웃음꽃이 피었고 남편 얼굴에는 흐뭇한 미소가 묻어 있었다. 결혼 후 처음으로 '내 집이 천국이구나!' 하는 생각이 들었다. 표현할 수 없는 행복감이 그녀 마음에 가득 차올랐다. 그래서 하나님께 자신에게 느껴지는 이 행복은 어디로부터 오는 거냐고 여쭸다. 어디서 오겠는가? 내 몫에 태운 십자가를 지고 가려 할 때, 하나님은 은혜를 주시는 것이다. 편안한 환경과 아무 문제없는 상황만을 기대하지 말고, 어떤 상황이든 내게 주어진 십자가 짊어짐으로 더 큰 하나님의 영광과 은혜를 보겠노라고 다짐하라. 그와 같은 삶이 나와 나의 주변에 하나님의 은혜를 끼치게 된다.

Part 3

더 높고 더 의미있는
일상 추구하기

열한 번째 이야기

나에게 허락된 특권을 확인하라

📖 요 17:20-23

『좋은 기업을 넘어 위대한 기업으로』(*Good to Great : Good to Great: Why Some Companies Make the Leap and Others Don't*)의 저자 짐 C. 콜린스 (James C. Collins)는 "좋은 것은 위대한 것의 적이다. 그리고 우리가 위대해지지 못하는 중요한 이유 중 하나다. 우리에게 위대한 학교가 없는 것은 주로 좋은 학교들이 있기 때문이다. 위대한 정부가 없는 것은 좋은 정부가 있기 때문이다. 위대한 삶을 사는 사람이 없는 것은 대부분 좋은 삶에 안주하기 때문이다"라고 하였다. 아이러니하게 위대한 것의 적은 좋은 것이다. 그럭저럭 좋은 것으로, 이 정도면 괜찮지 않아? 라는 것이 위대함으로 가는 길목을 가로막는 장애물이 된다. 나는 여기에다 하나를 덧붙이고 싶다.

"위대한 신자가 없는 것은 괜찮은 신자로 만족하기 때문이다."

남들에게 비난 받지 않는 삶, 그리 모나지 않은 삶을 사는 데 만족한다. 적어도 '괜찮은 사람', '평균 이상'에 안주하기 때문에 위대한 신자의 삶을 살지 못하고 있다.

신자는 단지 개선되어 좋은 삶을 살 수 있게 된 사람이 아니라, 위대한 삶의 자리로 부름 받은 사람이다. 신자는 죽음에서 생명을 얻었고, 심판에서 하나님의 자녀라는 위대한 자리로 옮겨 앉은 자들이다. 죽음과 생명, 심판의 자리와 존귀함의 자리, 그 차이는 표현할 수 없을 만큼 크다. 그런데 놀라운 점은 신자 스스로가 이처럼 위대한 삶을 얻었다는 사실을 놓치고 있다는 것이다. 우리가 위대한 삶으로 부름 받았다는 사실을 확신하는 일에서부터 더 높고 더 의미 있는 일상을 살아갈 수 있다. 하나님의 구원의 목적은 단지 심판만을 겨우 면하게 하려는 것이 아니다.

> 아버지께서 내 안에 계시고 내가 아버지 안에 있듯이, 그들도 우리와 한마음 한뜻이 되는 것, 이것이 내 기도의 목적입니다. 그래서 아버지께서 참으로 나를 보내셨다는 것을 세상이 믿게 해 주십시오. 아버지께서 내게 주신 영광을 나도 그들에게 주었습니다. …(요 17:21-22, 메시지).

구원의 목적은 우리가 하나님의 영광에 이르러, 하나님과 하나가 되는 곳으로 나아가는 것이다. 하나님과 하나 되는 곳으로 나가게 하는 것이다. 그것은 피조물이 창조주처럼 된다는 것을 의미하지 않는다. 그러나 피조물은 하나님과 연합되는 은혜를 얻게 된다. 어떤 이들은 구원을 에덴동산의 때로 돌아가는 '회복' 정도로 생각한다. 그렇지 않다. 구원의 궁극적인 목적은 그 정도가 아니라 하나님의 영광을 영원히 얻는 자리에까지 이르게 되는 것이다. 이것이 원래 인간의 창조 목적이었다.

인간이 다른 피조물과 전혀 다른 존재라는 것은 하나님의 창조 과정이나 방법을 통해 분명히 알 수 있다. 창세기를 보면 삼위 하나님께서는 '신적인 회의'를 일부 보여 주시는데, 그 내용은 인간 창조와 그에 따른 계획이다. 하나님께서는 사람을 '하나님의 형상'대로 창조하기 위해 구체적인 활동을 하셨다. 그 구체적인 활동이란 흙으로 사람을 만들고 생기를 코에 불어넣으신 것, 땅을 다스리고 정복하도록 사람을 축복하신 것이다. 또한 하나님께서는 사람에게 에덴동산을 경작하며 지키게 하셨다. 모두 사람에게만 주신 축복이었다.

그러나 이것들보다 더 고유한 축복은 '하나님과의 교제'를 나눌 수 있었다는 것이다. 사람은 하나님과 교제를 통한 의사소통의 특권을 얻었고, 하나님의 진리(지식)을 계시받을 수 있었다. 따라서 하나님과의 교제란, 말하자면 하나님의 영광에 이르는 길이라고 할 수 있다.

하나님께서는 "행위언약"을 맺으심으로써 사람과 하나님의 영원한 교제를 계획하셨다. 행위언약은 하나님이 사람을 창조하셨을 때 완전한 순종을 조건으로 사람과 생명의 언약을 맺은 것을 말한다. 즉 에덴동산 중앙에 있는 선악을 알게 하는 나무의 과실을 먹지 말라는 '행위'를 요구하신 것이다. 이 과정을 통과하면 영원한 영광, 하나님과 교제 나누는 기쁨을 영원히 누릴 수 있었다.

① 하나님은 언약을 맺으시는 분이며, 창조 때 그렇게 하셨다.
② 영원한 생명에 대한 약속은 아담의 순종을 토대로 한다.
③ 언약의 복과 상급, 저주와 형벌은 성격상 궁극적으로 영원하며 영적인 것이었다.
④ 하나님은 아담 및 그의 모든 후손과 언약을 맺으셨다. 아담은 언약적 머리이며 법적 대표자이었다(마이클 G. 브라운(Michael G. Brown)의 『언약신학으로의 초대』[Sacred Bond]).

하지만 사람은 하나님의 방법을 따르지 않고 사탄의 유혹을 받아 사람의 방법을 택하였다. 하나님과 하나님의 방법을 불신하고, 선악을 알게 하는 나무의 과실을 먹는 것이 옳은 방법이라고 생각

꿀꿀한 오늘이라도 주님의 기대로 살기

했다. 인류의 타락과 비참한 운명이 이렇게 시작되었다. 사람이 무엇을 취하든 하나님과 연결되지 않았다면 언제나 실패이다.

> 육신의 생각은 사망이요 영의 생각은 생명과 평안이니라(롬 8:6).

하나님이 주시지 않는 것을 갖는 것은 만족이 아니라 괴로움만 불러온다. 그래서 내게 인생의 말씀으로 삼는 구절이 있다.

> 만일 하늘에서 주신 바가 아니면 사람이 아무 것도 받을 수 없느니라(A man can receive only what is given him from heaven(요 3:27, NIV).

하나님이 주시면 받을 수 있지만, 하나님이 허락하지 않은 것을 인간적인 방법을 써서 가지려 하면 낭패를 본다. 하나님과 분리된 인간으로서는, 어떤 성취가 있더라도 근원적 목마름을 해결할 수 없다. 하나님의 영광을 가질 수 없는 것이다. 성공의 최고봉에 도달했던 사람들로부터 듣는 공통적인 말은, 화려한 성공으로 메울 수 없는 그들 자신 안에 공허함이 있다는 것이다.

보리스 베커(Boris Becker)는 전 세계 랭킹 1위의 독일 출신 프로 테니스 선수였다. 그는 그랜드 슬램에서 6회 우승했고 올림픽 금메달을 1회 획득했다. 1985년 17세의 나이로 윔블던에서 우승하여 현재까지 최연소 윔블던 남자 단식 우승 기록을 보유하고 있다. 그런데 보리스 베커는 세계 정상이라는 우승에도 불구하고 자살하고 싶은 충동을 극복하기 위해 엄청난 시련을 겪었다고 고백하였다. 정상에 올랐으나 아무것도 없음을 발견하고는 '이게 뭐지?' 한 것이다. 하나님 영광에 이르는 것을 다른 것으로 대체한다 할지라도, 하나님이 아니라면 인간의 근원적 결핍를 채울 수 없다. 그렇기 때문에 어거스틴은 "하나님 안에서 안식을 얻기까지 우리의 마음은 결코 안식할 수 없습니다"라고 고백했던 것이다.

사람이 하나님의 방법이 아닌 것으로 영광을 취하려 했다. 그러자 인간 사이에 비난과 분노와 갈등과 괴로움, 그리고 죽음이 넘쳐나게 되었다. 그들은 에덴동산에서 쫓겨났으며 영원한 생명 얻는 길을 잃어버렸다. 정확히 표현하자면, 하나님께 그 길을 막으셨다.

> 하나님께서 말씀하셨다. '이 사람이 우리 가운데 하나처럼 선에서 악까지 모든 것을 알게 되었다. 이제 그가 손을 뻗어 생명나무 열매도 따서 먹고 영원히 살면 어찌하겠는가? 그런 일이 결코 일어나서는 안된다!' 그래서 하나님은 그들을 에덴동산에서 내쫓으시고, 그들이 흙으로 지어졌으므로 흙을 일구게 하셨다. 하나님께서 그들을 쫓아내신 다음, 동산 동쪽에 그룹 천사들과 회전하는 불칼을 두셔

꿀꿀한 오늘이라도 주님의 기대로 살기

서, 생명나무에 이르는 길을 지키게 하셨다(창 3:22-24, 메시지).

바울은 이것을 로마서에서 "모든 사람이 죄를 범하였으매 하나님의 영광에 이르지 못하더니"(롬 3:23)라고 하였다. 사람은 죄로 말미암아 하나님의 영광, 하나님과의 친밀히 사귐과 나눔의 자리에 이르지 못하게 되었다. 이 사실은 모세와 이스라엘 백성이 시내산에서 율법의 말씀을 받은 장면을 통해 극적으로 드러난다.

> 여호와께서 이 모든 말씀을 산 위 불 가운데, 구름 가운데, 흑암 가운데에서 큰 음성으로 너희 총회에 이르신 후에 더 말씀하지 아니하시고 그것을 두 돌판에 써서 내게 주셨느니라 산이 불에 타며 캄캄한 가운데에서 나오는 그 소리를 너희가 듣고 너희 지파의 수령과 장로들이 내게 나아와 말하되 우리 하나님 여호와께서 그의 영광과 위엄을 우리에게 보이시매 불 가운데에서 나오는 음성을 우리가 들었고 하나님이 사람과 말씀하시되 그 사람이 생존하는 것을 오늘 우리가 보았나이다 이제 우리가 죽을 까닭이 무엇이니이까 이 큰 불이 우리를 삼킬 것이요 만일 우리가 우리 하나님 여호와의 음성을 다시 들으면 죽을 것이라 육신을 가진 자로서 우리처럼 살아 계시는 하나님의 음성이 불 가운데에서 발함을 듣고 생존한 자

가 누구니이까 당신은 가까이 나아가서 우리 하나님 여호와께서 하시는 말씀을 다 듣고 우리 하나님 여호와께서 당신에게 이르시는 것을 다 우리에게 전하소서 우리가 듣고 행하겠나이다 하였느니라 (신 5:22-27).

하나님은 불과 구름 가운데서 말씀을 들려주셨다. 불과 구름은 하나님의 엄위하심과 영광을 말한다. 그때 이스라엘 백성들은 죽을 것 같아 하나님의 임재를 견뎌낼 수 없었다. 그래서 하나님이 말씀하실 것이 있으면 모세에게 해 주시고, 자신들은 모세를 통해 전달 받을 수 있게 해달라고 간청했다는 것이다. 이와 같이 죄인은 하나님의 영광에 이를 수 없고, 오히려 죽음의 공포심으로 두려워하게 된다. 만일 죄인이 하나님의 영광을 보면 예외 없이 죽는다.

그런데 오늘 본문에서 예수님은 신자에 대해 하나님 안에 있게 되었으며 하나님의 영광을 받았다고 말씀한다. 예수 그리스도를 통해 영광의 하나님께 나갈 수 있게 되었다고 선언하신다.

그러므로 친구 여러분, 이제 우리는 주저함 없이 곧바로 하나님께로, 성소 안으로 나아갈 수 있습니다. 예수께서 자기를 희생해 흘리신 피로 그 길을 열어 주셨고, 하나님 앞에서 우리의 제사장이 되어 주셨습니다.…그러니 확고한 믿음과, 우리가 하나님 앞에 온전히 드려질 만한 존재가 되었다는 확신을 가지고 <u>하나님 앞에 나아가야 합니다</u>(히 10:19, 22, 메시지).

하나님의 영광을 접하면 죽을 수밖에 없는 자들이 예수님으로부터 생명을 얻어 하나님께 나갈 수 있게 되었다. 이제 하나님 앞에 서둘러 담대히 나가도록 재촉 받고 있다.

유엔의 제2대 사무총장이었던 다그 함마르셸드(1905-1961, 스웨덴의 경제학자, 정치인)는 '유엔 평화 유지군'을 창설하신 분으로, 사후에 노벨평화상을 받은 사람 중의 1호이다. 그가 타고 간 비행기가 아프리카에 떨어져 운명했다. 그의 죽음은 미스터리였기 때문에, 한동안 사람들은 암살 당했다고 생각했다. 하지만 비행기 잔해에서 조종사가 가지고 있던 지도가 발견되면서 미스터리가 풀렸다. 함마르셸드는 잠비아의 돌라(Ndola)로 갈 계획이었다. 그런데 조종사는 돌라의 지도가 아니라 자이레의 도시 돌로(Ndolo)의 지도를 가지고 있었다. 돌라로 가면서 돌로의 지도를 보고 있으니 필연적인 사고를 접할 수밖에 없었던 것이다. 사람들이 가지고 있는 지도, 능력이나 성취로는 하나님의 영광이라는 목적지에 이를 수 없고 사고만 나게 된다. 영광이 아니라, 필연적 사망에 이른다. 하지만 예수님은 하나님께 이르는 지도요 길이 되어주셨다. 하나님의 창조 목적과 구원 목적에 따라 인간이 얻어야만 하고 얻고자 원했던 하나님의 영광에 이르게 하셨다.

그렇다면 이것이 더 높고 더 의미있는 일상을 추구하는 것과 무슨 관계가 있을까? 우리는 영광스러운 특권을 필요에 미치지 못한다고 하여 내팽개치는 경향이 있다. 망령된 행실을 보였던 에서처럼 특권이 특권인 줄 모르는 것이다. 야곱이 팥죽을 쑤고 있었을 때, 사냥에서 돌아온 에서는 "내가 죽게 되었으니 이 장자의 명분이 내게 무엇이 유익하리요"(창 25:32)라며 장자의 명분을 야곱에게 팔아넘겼다. 장자의 명분이 당장의 배고픔을 면하게 해 주지 못한다는 이유 때문이다. 죄의 특징이자 어리석은 자의 특징은 '가치 전도'이다.

내가 어렸을 때는 100원을 은돈이라고 하였다. 구리로 된 누런 10원짜리만 보았지, 은색의 100원 짜리는 잘 볼 수 없었다. 어머니가 돼지 저금통에 저금하는 것을 보고는, 거기에서 은색의 100원 짜리를 몰래 빼다가 사탕 몇 개와 바꿔오곤 했다. 그때는 아이스깨끼가 10원이었는데 말이다. 100원의 가치를 모르기 때문이었다. 신자는 하나님과 생명의 관계를 맺고 있고, 하나님의 영광을 누리고 있다. 하나님의 말씀을 들을 수 있고 하나님과 교제를 나눌 수 있다. 하나님께 예배 드린다는 것은 별 것 아닌 것처럼 느껴질 수 있지만, 하나님의 영광에 이른 자만이 누릴 수 있는 특권이다. 신자는 언제든지 하나님 앞에 나아가 자기의 불만과 불평까지도 말씀드릴 수 있다. 세상은 이러한 특권이 허락되지 않았다. 신자에게만 허락된 특권이 있다는 사실을 잊은 채, 우리는 하나님의 영광을 팥죽 한 그릇의 가치로 평가절하한다. 신자의 특권이 실용적이지 않기 때문이다.

실제로 신자를 보면 세상 사람들과 별다른 차이점이 없다. 고난과 고통이 면제되지도 않고, 어느 때는 더 심하게 겪기도 한다. 그러다 보니 신자의 삶과 세상 사람들의 삶이 다를 바 없다며 하나님을 의심하고 불만족스러운 삶을 산다. 신자는 하나님의 영광, 하나님의 위대함과 연결되어 있다. 앤드류 머레이 목사님은 오렌지나무를 해치는 "뿌리병"(root disease)에 대해 말하였다. 이 병의 무서운 점은 겉으로 볼 때 아무런 티가 나지 않는다는 것이다. 뿌리는 죽어가지만, 나무는 여느 때와 같이 열매를 맺는다. 포도나무의 '뿌리진디'도 뿌리병의 일종이다. 이 병에 걸린 나무를 근본적으로 치료하기 위해서는 옛 뿌리를 잘라내고 새 뿌리를 접붙여야만 한다. 새 뿌리를 이식시킨 후 시간이 지나면 줄기, 가지, 열매는 전과 다름없지만 뿌리는 더 싱싱하고 질병에도 저항력을 지닌 건강한 나무가 된다.

신자와 세상은 겉으로 보기에 똑같다. 열매를 비슷하게 맺는 것 같기도 하다. 그러나 차이는 뿌리, 영혼에 있다. 세상의 뿌리는 뿌리병에 걸려 근원이 죽어 있다. 신자는 생명의 뿌리가 예수님으로 되어 있다. 세상보다 더 많은 열매 맺지 못할 수도 있다. 하지만 하나님의 생명에 접붙임 받은 자들이기에 넘어질 수가 없다. 우리의 시대나 현실이 온갖 이유를 들이대며 유혹할 수 있다. 세상의 체제 속으로 들어오지 않으면 죽인다고 다그치며 우리를 흔들 수도 있다. 신자는 세상의 유혹과 협박에 불안함을 느끼기도 한다. 그러나 신자는 쓰러지거나 실패하지 않는다. 세상이 좌절하라고 부추기더라도 낙망하지 않는다. 세상의 죽음은 모래 위의 집과 같이 일시적이지만, 예수님의 생명은 반석 위의 집처럼 영원하다.

우리의 아버지는 세상보다 크신 하나님이시다. 그 생명과 연결되어 언제든 그 앞에 설 수 있는 담대함이 주어졌다. 세상은 그들대로 살게 두고, 우리는 하나님의 원리대로 살아야 한다. 하나님의 영광을 얻은 자답게 살아야 한다면, 우리의 일상을 헛되게 살 수 없다. 십자가의 주님을 바라보며 영광스럽게 살아가야 한다.

꿀꿀한 오늘이라도 주님의 기대로 살기

열두 번째 이야기

염려가 통제하려는 것을 거부하라

마 6:19-34

　　라영환 목사님의 글에 어리석은 펠리컨에 관한 이야기가 있다. 미국 캘리포니아 연안에 위치한 몬트레이(Monterey)라는 곳은 오랜 기간 동안 펠리컨들의 천국이었다. 어부들은 그물에 걸린 작은 물고기들을 그대로 갯벌에 내던졌는데, 이렇게 버려진 고기들이 펠리컨들의 먹이가 되었다. 그래서 이곳에 서식하는 펠리컨들은 힘들게 노력하지 않아도 쉽게 먹을 것을 구할 수 있었다. 하지만 언제부터인가 어부들이 던져 버리던 작은 물고기들을 상업용으로 이용하기 시작하였다. 펠리컨들이 주워 먹을 만한 고기들이 갯벌에서 사라져버린 것이다. 그럼에도 불구하고 펠리컨들은 여전히 버려진 고기를 찾기 위해서 갯벌 여기저기 헤매고 있었다. 시간이 지나가면서 몬트레이의 펠리컨들은 한두 마리씩 굶어 죽어 가기 시작했다. 그동안 어부들이 버린 고기를 주워 먹었던 탓에, 고기

잡는 방법을 잊어버렸기 때문이다.

어떤 이는 먹고 살기 위해 애쓰다가 신자로 사는 방법을 잊어버렸다고 말한다. 비본질을 위해 본질을 희생한 것이다. 먹고 사는 일도 중요하다. 그러나 우리는 신자에게 더 중요한 것이 있다는 사실을 잊는 경우가 많다. 우리 신자는 세상 사람들이 사는 똑같은 환경과 장소 속에서도 매 순간 하나님의 백성다운 삶을 살도록 초청받았다. 그러면 어떻게 살아가는 것이 신자다운 더 크고 더 의미 있는 일상을 추구하는 것인지 생각해야만 한다. 예수님은 모든 사람이 보물을 구하고 있으며, 그것을 이 땅에 쌓으려 한다고 말씀하셨다.

> 너희는 자기를 위하여 보물을 땅에다가 쌓아 두지 말아라. 땅에서는 좀이 먹고 녹이 슬어서 망가지며, 도둑들이 뚫고 들어와서 훔쳐 간다(마 6:19, 표준새번역).

보물이란 자신을 더 크고 더 나은 사람으로 만들어줄 수 있다고 여기는 것들이다. 그것들에는 쾌락, 명예, 소유, 성공, 사람들의 인정 등이 있다. 미국 심리학자 윌리엄 제임스는 우리의 물건은 우리의 일부이며 "인간의 자아는 자기 것이라 부를 수 있는 모든 것의 총합이다"라고 하였다. 그래서 어떤 물건을 갖게 되면 물질적 자

꿀꿀한 오늘이라도 주님의 기대로 살기

아가 확장되고, 물건을 잃으면 물질적 자아도 축소된다. 경제학자인 러셀 벨크는 이를 '확장된 자아(extended self)'라고 하였다. 사람의 자아가 그의 소유물로 확장되는 것을 말한다. 그러니 사람들은 자신을 더 크고 의미있게 만들 수 있다는 소비행동을 매우 중요하게 여긴다.

『사물의 심리학』(*Wir sind, was wir haben : die tiefere Bedeutung der Dinge fur unser Leben*)을 쓴 아네테 쉐퍼(Annette Schäfer)가 방문한 롤프 야코비의 집은 박물관과 같았다. 그는 큰 집 정원에 따로 별채를 마련했는데, 19개로 나뉘어진 방에 진귀한 악기들로 가득 차 있었다. 전 세계에 25대밖에 안 남았다는 희귀한 자동 바이올린은, 스위스에서 악기 기술자를 찾아내어 고쳐 소리 나게 한 것이다. 그는 열정적인 수집으로 진귀한 악기들을 모을 수 있었다. 악기 수집이 필생의 과업이 되리라고 생각하지 못했으나, 그렇게 되고 말았다고 하였다. 그런데 그의 마지막 말이 의미심장하였다. 그는 "수집가는 아주 이기적입니다. … 수집품을 이용해 사랑받고 싶어 하니까요."

사람들은 자기를 더 크게, 더 나은 사람으로 만들어줄 수 있는 것들을 추구한다는 말이다. 그 안에서 자기를 발견하고자 하기 때문이다. 그래서 예수님이 "너희는 자기를 위하여"라고 하심으로 자기를 위한 자기만의 보물을 찾는다고 하셨다. 하지만 주님은 지금 보이는 현실세계에 있는 것들로 너를 너답게 만들어줄 수 있을 것이라고 생각해서, 이 땅의 것을 추구하지 말라고 하셨다.

> 눈은 몸의 등불이니 그러므로 네 눈이 성하면 온 몸이 밝을 것이요
> 눈이 나쁘면 온 몸이 어두울 것이니 그러므로 네게 있는 빛이 어두
> 우면 그 어둠이 얼마나 더하겠느냐 한 사람이 두 주인을 섬기지 못
> 할 것이니 혹 이를 미워하고 저를 사랑하거나 혹 이를 중히 여기고
> 저를 경히 여김이라 너희가 하나님과 재물을 겸하여 섬기지 못하느
> 니라(마 6:22-24).

눈은 몸의 등불, 그 사람의 가치관을 말한다. 그 눈이 땅의 보물을 소유함으로 자기 자신을 확인하려 든다면 영혼이 어두워질 수밖에 없다는 예수님께서는 잘못된 보물을 구하느라 삶을 허비하는 것을 매우 슬프고 어리석은 일이라고 지적하신다. 땅의 보물은 좀 먹고 녹슬고, 도둑까지 맞을 수 있는 것이기 때문에 영원하지 않을 뿐만 아니라 사람이 만족할 수도 없다. 오스트리아 사람인 카를 라베더는 독일과 오스트리아의 신문, 그리고 영국의 「더가디언」(*The Guardian*)과 미국의 「뉴욕데일리 뉴스」(*Daily News*)에 "더 이상 백만장자이고 싶지 않은 백만장자"라는 타이틀로 소개되었다. 그는 어렸을 때부터 할머니에게서 돈을 많이 벌어 권력을 쥐어야 한다는 이야기를 늘 듣고 자랐다. 그래서 열심히 일하여 작은 회사에서 나

중에는 폴란드, 헝가리, 중국에 공장을 세울 정도의 큰 회사를 운영하였다. 900평이 넘는 땅에 꿈의 빌라를 지었다. 그의 집안에 비치발리볼 경기장도 만들었다. 특수 글라이더 비행기도 제작해서 그것을 타고 전 세계 이국적인 지역을 찾아다녔다. 그는 쥘 수 있는 모든 것을 손에 쥐었다. 그러나 어느 순간 그의 마음속으로 밀려오는 공허함을 제어할 수 없었다. 그는 의도적으로 그의 아내와 하와이에서 가장 호화로운 휴가를 보내기로 하였다. 사람들이 생각하고 광고에서 말하는 것들을 다 하면 정말 행복할 수 있는지 실험해 보기 위해서였다. 하지만 그렇지 않다는 것을 알게 되었다. 결국 그는 재산을 다 팔아치우고 공익단체를 지원하게 되었다.

사람을 채울 수 있는 것은 이 세상에 아무 것도 없다. 솔로몬이 모든 것이 헛되다고 말한 것이 진리인 까닭은, 그가 모든 것을 직접 경험해보았기 때문이다. 그는 지식과 사업과 쾌락과 물질을 이 세상 누구보다도 더 많이 소유해보았다. 그러나 만족할 수 없었다. 사람의 소유와 성취는 언제나 "그 이상(more than)"을 요구한다. 사람은 이 세상보다 크기 때문에 사람을 만족시키려면 이 세상보다 더 커야 한다. 사람의 영혼보다 더 큰 것만이 사람을 채울 수 있다. 모든 것을 아시는 주님은 땅의 보물로 자신을 극대화하려 하지 말라고 말씀하셨다. 자기 영혼이 얼마나 가난하고 공허한지 알게 될 뿐, 땅의 보물은 영적 심연으로 공허함만을 안겨줄 것이라고 경고하셨다.

땅의 보물은 여전히 사람들을 끌어들이는 마력이 있다. 재물과 사회적 지위가 성공과 실패를 평가하는 세상의 기준이기 때문이다. 세상의 평가는 자기 가치를 고양시켜주는 것 같다. 그래서 눈에 보이는 땅의 가치들에 얽매이지 않겠다고 다짐하나, 자신도 모르게 일상은 그 시스템을 좇아가고 있다. 주님은 세상 가치관에 얽매이지 않도록 경계하시면서 다음과 같이 말씀하신다.

그러므로 내가 너희에게 이르노니 목숨을 위하여 무엇을 먹을까 무엇을 마실까 몸을 위하여 무엇을 입을까 염려하지 말라 목숨이 음식보다 중하지 아니하며 몸이 의복보다 중하지 아니하냐(마 6:25).

땅의 보물을 구함으로써 자신을 확대하려고 한다면, 무엇보다 염려에 사로잡히게 된다. 염려에 사로잡히면, 필요 이상의 또 다른 필요를 필연적으로 불러온다. 사람들은 모든 종류의 긍정적 상황에 빨리 적응하는 경향이 있다. 무엇을 성취했든 혹은 무엇을 소유했든 그것에 빨리 익숙해진다는 말이다. 그러나 시간이 지나면 그렇게 갈망했던 것이 으레 당연한 상태가 되고 만다. 처음 대학생활, 첫 직장, 첫 만남, 처음 스마트폰, 처음 상태가 얼마나 지속되었는가? 처음 가졌던 감격, 희열, 행복감은 얼마 지나지 않아 썰물처럼 빠져나가버린다. 심리학자들은 이런 현상을 쾌락적응(hedonic adaptation)이라고

꿀꿀한 오늘이라도 주님의 기대로 살기

말한다. 그러면 그 빈 공간을 또 다른 필요가 채워줘야만 한다.

옷을 샀더니 옷을 입을 수가 없다. 헤어스타일을 고쳐야 하기 때문이다. 옷에 맞는 신발을 사야 하고, 신발에 맞는 가방도 필요하다. 늘 쾌락 적응이 연속인 삶을 살게 된다. 있어도 늘 허전하다. 이것이 있으니 좋은 것이 아니라, 다른 무엇이 없다는 것을 알게 되어 염려한다. 염려는 또 다른 필요를 불러와 계속 쌓이고 또 쌓인다. 염려의 악순환인 셈이다. 모든 일상 속에서 내가 얻고자 하는 것을 위한 관계와 방법을 고민한다. 모든 활동이 내 필요를 채울 수 있는지 여부에 의해 결정된다. 더 큰 하나님과의 관계, 다른 사람들과의 교제의 기쁨, 삶의 활동과 의미를 축소시키고 만다.

예수님이 말씀하신 것을 다시 들어보라.

> 거울 앞에서 설친다고 해서 키가 단 1센티미터라도 커진 사람이 있더냐? 유행을 따르느라 버린 돈과 시간이 그토록 많지만, 그렇다고 크게 달라지는 것 같더냐?(마 6:27-28a, 메시지).

염려한다고 키를 더 자라게 하거나 생명을 연장할 수 없다. 즉 삶에서 마음대로 할 수 있는 것은 매우 한정적이라는 말씀이다. 땅의 보물을 얻기 위해서 백방으로 뛰어다니지만, 이 세상의 것들은 내 통제에서 벗어나 있다. 그것을 처절하게 아는 때는 자녀들을 통해서이다. 나는 점도 없고 흠도 없이 키우려고 하였지만, 온갖 점과 흠을 다 묻히고 들어온다. 그래서 시간이 지나면 지날수록 내려놓음, 더 내려놓음, 더욱 더 내려놓음, 완전히 내려놓음의 단계로 나아가게 된다. 부모라면 누구나 경험하는 바이다.

이렇게 염려에 붙잡힌 삶을 산다면, 걱정과 두려움으로 가득 찬 오늘을 살게 된다. 통제 밖에 있는 것들을 통제함으로써 내가 원하는 것을 이루려고 생각하다 보니 근심할 수밖에 없다. 내 마음대로 할 수 없는 것을 하려고 고집하니 오늘이 없다. 그렇게 오늘이라는 시간, 일상이라는 소중한 삶은 내 뜻대로 하기 위한 희생제물이 되고 만다. 인생의 후회란 오늘의 후회와 같다. 내일 때문에 오늘을 희생시킨 까닭이다. '신과의 인터뷰'는 하나님으로부터 인간에게서 가장 안타까운 점이 무엇인지 들었다는 것인데, 그 내용이 이렇다.

어린 시절이 지루하다고 서둘러 어른이 되는 것

그리고는 다시 어린 시절로 되돌아가기를 갈망하는 것

돈을 벌기위해 건강을 잃어버리는 것

그리고는 건강을 되찾기 위해 돈을 다 잃는 것

미래를 염려하느라 현재를 놓쳐 버리는 것

그리하여 결국 현재에도 미래에도 살지 못하는 것

….

꿀꿀한 오늘이라도 주님의 기대로 살기

그러나 주님은 우리를 다른 삶으로 이끄신다.

그런즉 너희는 먼저 그의 나라와 그의 의를 구하라 그리하면 이 모든 것을 너희에게 더하시리라(마 6:33).

"그런즉"은 새로운 삶의 방식으로의 초대장이다. 하나님은 하나님의 영광을 위해 필요한 모든 것을 자녀들에게 주셨고 주신다고 약속하신다. 하나님은 어떤 명령을 주실 때, 그에 필요한 것들을 먼저 주신다. 아니면 그 명령을 따를 수 있도록 그에 필요한 것들을 약속해주신다. 신자는 하나님의 약속 안에 있는 자들이다. 이와 같은 하나님 아버지를 잊은 채, 이 땅의 보물로 채울 것만을 생각한다면 오늘이라는 삶을 제대로 살아낼 수 없다.

우리가 오늘을, 일상을 더 높고 의미있게 살지 못하는 이유가 여기에 있다. 오늘은 아직 오지 않은 내일을 위해 희생시키라고 있는 것이 아니다. 내일을 염려하므로 오늘을 제대로 살지 못하는 것은 하나님 아버지의 약속에 대한 모욕이다. 혹자는 "염려는 하나님이 하신 모든 약속을 비방한다"고 하였다. 영어의 염려(worry)라는 단어는 작은 새끼양의 목을 조르는 늑대를 묘사한 것이다. 내일에 대한 염려는 오늘을 목 조르는 것이다. 내일의 염려, 땅의 보물을 채우려 오늘을 희생시키려 하지 말아야 한다.

주님께서 오늘이라는 시간에 대해 어떻게 살라고 하시는지 보라.

하나님께서 바로 지금 하고 계신 일에 온전히 집중하여라. 내일 있을지 없을지도 모르는 일로 동요하지 마라. 어떠한 어려운 일이 닥쳐도 막상 그때가 되면 하나님께서 감당할 힘을 주실 것이다 (마 6:34, 메시지).

오늘이 우리에게 주어졌다는 것은 하나님 아버지의 약속을 신뢰해도 좋다는 초대장이다. 하나님 아버지는 신자의 오늘이라는 삶에 함께 하신다. 그 하나님을 믿음으로 신자답게 살라는 선물이다. '오늘은 선물이다'(The present is a present.). 그러므로 우리에게 주신 오늘이라는 시간, 우리에게 허락된 일상을 어떻게 살아야 하는지 전도서의 지혜자를 통해 들어보자.

생명을 붙잡아라! 신나게 빵을 먹고 힘차게 포도주를 마셔라. 그렇다, 네가 기뻐할 때 하나님도 기뻐하신다! 아침마다 축제옷을 입어라. 깃발과 스카프를 아끼지 마라. 네 위태로운 인생에서 사랑하는 배우자와 함께하는 하루하루를 즐겨라. 하루하루가 하나님의 선물

꿀꿀한 오늘이라도 주님의 기대로 살기

이다. 그것이 생존이라는 노고의 대가로 받는 전부다. 하루하루를 최대한 잘 사용하여라! 무슨 일이 닥치든지 꽉 붙잡고 감당하여라. 성심성의껏! 지금이 네가 그 일을 감당할 수 있는 마지막 기회, 유일한 기회일 수도 있다. …(전 9:7-10a, 메시지).

전도서의 지혜자는 하나님이 사람에게 주신 것을 강조한다. 그의 메시지는 '날마다 하나님이 주시는 선물을 받으라'는 것이다. 하나님이 주시는 하루하루의 소중함을 알아 보고 즐거움으로 살라고 한다. 미래를 통제하려는 헛된 시도를 버리고 대신 현재에 집중하며 그것이 주는 즐거움을 받아들이라고 권한다. 그리고 오늘, 지금, 일상이라는 선물을 통해서 하나님 아버지가 자애로우신 분임을 깨닫는 지혜를 얻으라고 말한다.

우리는 왜 더 높고 의미있는 일상을 살지 못하고 있는가? 아직 오지도 않은 내일을 염려하느라 오늘을 제대로 살지 못하기 때문은 아닌가? 다른 사람과 비교하느라, 지금이라는 선물을 알아보지 못한 영적 맹인으로 있기 때문은 아닐까? 하나님이 우리의 자애로운 아버지이시라는 사실을 잊고 내가 정한 필요에만 몰두하기 때문은 아닌가 생각해 보라. 하나님은 언제나 선하시다. 하나님은 선하시고 인자하시다. 하나님은 언제나 그의 자녀들에게 친절하시다. 오늘은 하나님의 가장 좋은 선물이며, 하나님의 약속을 이루어

주겠다는 초대장이다. 그 사실을 믿음으로 오늘, 지금, 우리의 일상을 신자답게 멋지게 살아갈 수 있다.

열세 번째 이야기

내가 주인 되어 살려는 욕구에 내려오라

📖 눅 9:23-26

    아르헨티나 청소년 잡지인 TKM에 자신의 제일 친한 친구를 살해하려 했다가 붙잡힌 여성에 관한 사건이 보도되었다. 어릴 때부터 비만이었던 두 명의 콜롬비아 여성은 항상 '거대한' 삶을 함께 나눠왔다. 살 때문에 첫사랑에게 차였을 때도 함께 울 정도로 각별한 사이였다. 그러다가 두 사람 중 한 명이 가족들의 권유로 운동과 에어로빅을 통해 4개월 만에 20kg을 감량했다. 그 모습을 본 사람들은 그녀의 새로운 모습이 너무 아름답다며 칭찬을 아끼지 않았다. 하지만 똑같이 비만이었던 가장 친한 친구는 질투심에서인지 배신감에서인지 날씬해진 친구를 해치로 결심하였다. 우습게도 뚱뚱한 몸 때문에 그녀의 시도는 실패로 끝났다.

    사람의 기본 성향은 자기중심적이라는데 있다. 타락한 죄인의 특징이다. 호의적인 활동에도 자기를 위한 이기심이 밑바탕에 깔려 있다. 20, 30년 혹은 평생 지인이라 할지라도 자기 이익에 따라 전혀 다른 인간 관계가 된다. 부모 자녀 간에도 이런 일들이 비일 비재함을 사건이나 뉴스를 통해 알 수 있다.

타락한 인간의 특징은 자기를 위해, 자신이 하나님 노릇하는데 있다. 그런데 주님은 신자에게 "아무든지 나를 따라오려거든 자기를 부인하고 날마다 제 십자가를 지고 나를 따를 것이니라"(눅 9:23)라고 하셨다. 자기를 부인하고 자기 십자가를 진다는 것은 십자가 처형 받는 자리로 가는 것을 말한다. 본 훼퍼(Dietrich Bonhoeffer) 목사님은 십자가를 지라는 것은 예수님께서 죽으신 그 곳에 와서 죽으라는 뜻이라고 강조하였다. 이는 생명을 내놓으라는 뜻도 되겠지만, 무엇보다 스스로 주인 노릇하는 자리에서 내려오라는 것이다. 내가 주인 되어 나의 욕구대로 살려는 것, 내 계획과 뜻대로 살려는 것, 나 자신에 대해 죽으라는 요구이다.

우리가 매일 매순간 돈과 시간, 에너지, 정열, 관계 형성, 인터넷 서핑 등을 쏟아내고 있다. 그 모든 것은 누구를, 무엇을 향하고 있는가? 우리의 욕망으로 향하고 있다. 스스로 생각하길 자신을 가장 이롭게 하고 자기 만족을 채울 수 있는 것으로 향해 있다. 또 우리가 분노하고 좌절하는 이유가 어디에 있는가? 내가 생각한대로 되지 않았기 때문에 분노한다. 왜 그 사람, 그 조건을 장애물로 여기는가? 내가 추구하는 것의 길목을 가로 막고 서 있기 때문이다.

꿀꿀한 오늘이라도 주님의 기대로 살기

강남역 여혐 살인 사건을 알 것이다. 이 남성은 자기가 가는 길에 여자들이 앞에서 거치적거리고 가로막아 그런 일을 저질렀다고 했다. 너무도 얼토당토않은 변명이다. 하지만 표현이 다를 뿐이지, 우리 모두가 그렇게 하고 있다. 우리는 크든 작든 원하는 계획, 뜻, 목표에 이르고자 한다. 그리고 그것에 조금이라도 방해될 것 같으면 제거해야 할 장애물이 되고 원수가 된다. 자기의 삶을 자신의 것으로 여기고 있기 때문이다.

그러나 주님은 이제 더 이상 우리 자신의 목적이 아닌 주님 목적에 맞춰 살아야 한다고 말씀하신다. 세상에서 제일 힘든 일은 자신을 거절하는 것이다. 죽을 때까지 놓지 못하는 것이 자기중심적 성향이다. 어느 목사님은 1970년 새마을 동네 한 집 옥상에서 교회 개척을 시작하셨다. 집 주인은 예수를 믿지 않았으나, 옥상에다 천막 쳐놓고 개척할 수 있게 해 주었다. 그렇게 교회가 시작돼서 어느 정도의 다른 공간을 교회 건물로 사용할 정도로 성장했었다. 그러던 중, 그 옥상을 빌려준 집 주인이 곧 운명하게 되었다는 소식을 그 목사님이 들었다. 그래서 병상에 누워계신 분을 찾아갔다. 어려울 때 옥상을 사용하도록 빌려준 것이 너무 고마워, 예수 믿으라고 병상에서 복음을 전했다. 그랬더니 그분이 입을 굳게 다문 채, 고개를 돌리더라는 것이다.

세상에서 가장 어려운 일은 자기에 대해 "너의 욕망대로 살아서는 안 돼!"라고 거절하는 것이다. 그러나 신자에게는 생각하고 말하고 행동하는 모든 것이 우리 자신이 아닌 주님께 맞추라고 하셨다. 그것이 신자된 우리 정체성에 맞는 모습이기 때문이다.

> 그가 모든 사람을 대신하여 죽으심은 살아 있는 자들로 하여금 다시는 그들 자신을 위하여 살지 않고 오직 그들을 대신하여 죽었다가 다시 살아나신 이를 위하여 살게 하려 함이라(고후 5:15).

우리 신자는 자신을 위해 살지 않는다. 자기 욕망을 위해 살지 않는다. 자기 비전을 위해 살지도 않는다.

이것을 출애굽기에서는 이렇게 말씀하고 있다.

> 여호와께서 모세에게 이르시되 너는 바로에게 가서 그에게 이르기를 여호와의 말씀에 내 백성을 보내라 그들이 나를 섬길 것이니라 (출 8:1).

애굽에서 열 가지 재앙에서 바로와 실랑이 벌이듯 대적하는 이유는 단 한 가지였다. 하나님을 섬기는 문제였다. 바로는 놓아주지 못하겠다고 하고 모세는 이스라엘 백성을 놓아 하나님을 섬기도

꿀꿀한 오늘이라도 주님의 기대로 살기

록 하라는 것이었다. "내 백성을 보내라 그들이 나를 섬길 것이니라"는 문구는 애굽의 재앙 내내 반복되어 나온다. 여기서 "섬기다"는 "예배하다"로도 번역하는데, 히브리어로는 "아바드"라고 한다. 아바드는 누구를 위해서 일하다는 뜻도 있지만, 고대 사회에서는 그 주인을 섬긴다는 뜻이 있다. 그러니까 하나님은 이스라엘 백성이 바로를 섬기는데서 놓여 제사장으로 하나님을 섬기도록 하라는 것이다.

모형론적으로 애굽 왕 바로는 사탄 혹은 죄, 애굽은 사탄의 나라로 여긴다. 애굽에서 놓였다는 것은 하나님의 백성으로 구원 받았다는 뜻이다. 그러니 출애굽기의 이 말씀을 신약으로 해석하자면, 자기가 주인 되어 자기 욕망에 따라 사는 것에서 놓여 사람 본연의 위치 하나님을 섬기는 자리로의 돌이킴을 말한다. 그리고 이 아바드는 인간을 창조하신 목적이기도 한다. 죄가 들어오기 전, 인간 본연의 위치와 역할은 자신이 아니라 하나님을 섬김으로 제사장 같이 세상을 돌보는 것이었다. 그것이 이상적인 조건의 모습이었다. 즉 우리의 부름 받음은 주님의 뜻을 받들어 섬기도록 하기 위한 부름이다. 우리 자신에게 "그렇게 해서는 안 돼! 나의 마음대로 해서는 안 돼!"라고 거절해야 할 것이 무엇인지 생각해 보라.

하지만 우리는 그러고 싶어 하지 않는다. 주님을 뒤따르려는 것이 아니라, 주님이 우리 뒤를 따르게 하고 싶어한다. 내가 원하는 바를 이루기 위해 주님이 도와주셔야 할 것으로 생각한다는 말이다. 이 말씀은 마태복음 16장에도 나오는데, 왜 예수님께서 자기 부인과 자기 십자가를 짊어지라고 하셨는지, 이 말씀을 하시게 된 사건을 기록하고 있다. 예수님은 베드로와 제자들로부터 그리스도시요 하나님의 아들이시라는 고백을 들으셨다. 그리고 자신이 예루살렘에 올라가서 종교인들에게 조롱과 모욕을 받고는 십자가에 죽을 것이라고 하셨다.

이 이야기를 듣자,

> 베드로가 예수를 붙들고 항변하여 이르되 주여 그리 마옵소서 이 일이 결코 주께 미치지 아니하리이다 예수께서 **돌이키시며** 베드로에게 이르시되 사탄아 내 뒤로 물러 가라 너는 나를 넘어지게 하는 자로다 네가 하나님의 일을 생각하지 아니하고 도리어 사람의 일을 생각하는도다(마 16:22-23).

'항변하다'는 말은 좋게 표현한 것이고 영어로는 꾸짖다는 뜻의 rebuke으로 되어 있다. 원문대로 하자면, "베드로는 예수를 몰아붙이고 꾸짖기 시작하였다. '이 일이 주님께 일어나서는 결코 안 될 것입니다.'" '항변하다'는 단어는 예수님께서 풍랑을 꾸짖거나 사탄을 내쫓을 때 사용하신 강력한 용어이다. 베드로가 예수님께 그

꿀꿀한 오늘이라도 주님의 기대로 살기

렇게 대들었다.

> 그때 예수님은 베드로에게 등이 보이도록 돌아서셨다(But he turned and said to Peter, 'Get behind me, Satan!' ⋯, 마 16:23, ESV).

예수님은 등을 보이신 채, 베드로에게 말씀하셨다.

> 사탄아 내 뒤로 물러가라 ⋯ 네가 하나님의 일을 생각하지 아니하고 도리어 사람의 일을 생각하는도다.

예수님이 뒤로 돌아서심으로 베드로의 위치를 깨닫게 하신 것이다.

> 베드로, 너와 나의 위치는 이런 것이다. 베드로 너는 나를 이끌어가려고 하는데, 너의 위치는 그것이 아니다. 너를 이끌 자는 바로 나이다. 그것이 하나님의 뜻이요 하나님의 일이다. 나를 앞서 이끌려고 하지마라. 너는 나를 따라야 할 자이다.

그리고 나서 바로 이어 "이에 예수께서 제자들에게 이르시되 누구든지 나를 따라오려거든 자기를 부인하고 자기 십자가를 지고 나를 따를 것이니라"(마 16:24)라고 하셨다.

베드로에게나 다른 제자들은 예수님이 그냥 십자가에 죽어버리시면 그들 야망, 그들 비전을 이룰 수 없었다. 예수님은 그들 꿈을 이루기 위해 제자들에 의해 기획된 메시야였다. 그들의 계획과 주님의 계획이 충돌하자, 참을 수 없었다. 예수님은 이를 "누구든지 나와 내 말을 부끄러워하면 …"(눅 9:26a)이라고 하셨다. 예수님을 부끄러워 한다는 말은 예수님이 나의 삶에 마땅히 계셔야 할 자리에 계시는 것을 거부한다는 뜻이다. 자기 욕망을 위해 예수님이 아닌 다른 것에 자리를 내어주기 때문이다. 하지만 예수님을 따른다는 것은 자기 야망을 이루기 위한 것이 아니다. 자기를 부인함으로써 하나님의 뜻을 온전히 따르기로 한 것이 신자의 삶이다.

우리가 더 높고 더 의미있는 삶을 살지 못하는 이유를 생각해 보라. 주님과 주도권 싸움을 하고 있기 때문이다. 주님이 우리를 주장하는 것이 아니라, 우리가 주님을 주장하려 한다. 주님은 주님의 주권을 내려놓을 생각이 전혀 없으시다. 그런데도 주님을 이끌고자 한다. 마치 양이 목자를 이끌려는 것과 같다. 성경은 그런 양을 "길 잃어버린 양"이라고 말한다. 길 잃어버린 양은 가장 비참한 운명에 처해 있는 양이다. 길 잃은 양은 목자에게 돌아갈 수도 없고 목자를 다시 만날 수도 없는 처지이다. 그래서 곧 절벽으로 떨어져 죽거나 맹수의 먹이가 될 것이다.

꿀꿀한 오늘이라도 주님의 기대로 살기

어떤 것은 또 다른 것과 맞물려 있어야 조화와 자유와 평화를 얻는다. 예를 들어, 목자와 양 같이, 양은 목자의 인도를 받아야 한다. 포도와 포도나무 가지와 같이, 가지는 나무에 붙어 있어야 한다. 자녀는 부모의 보호 아래 있어야 안전하다. 그때 그것을 구속이요 얽매임이라고 하지 않는다. 우리와 주님의 관계가 그러하다. 그러니 신자가 베드로처럼 주님 앞서려는 일은 어리석은 일이다. 주님 뒤로 물러 서 있어야 한다. 주님이 우리를 앞서시고 우리는 주님 뒤에 있어야 한다. 우리는 주님의 이끄심과 인도를 받아야 한다. 우리 야망, 우리 계획, 우리 뜻이 아니라 주님 계획과 그 뜻을 받들어야만 한다.

그렇다면 우리가 구체적으로 주님 계획과 뜻을 받드는 것이 무엇인지 보라.

이어서 예수께서 그들에게 예상되는 일을 말씀해 주셨다. '누구든지 나와 함께 가려면 내가 가는 길을 따라야 한다. 결정은 내가 한다. 너희가 하는 것이 아니다. <u>고난을 피해 달아나지 말고, 오히려 고난을 끌어안아라.</u> 나를 따라오너라. 그러면 내가 방법을 일러 주겠다. 자기 스스로 세우려는 노력에는 아무 희망이 없다. 자기를 희생하는 것이야말로 너희 자신, 곧 너희의 참된 자아를 찾는 길이며,

나의 길이다(눅 9:23, 메시지).

메시지 성경은 날마다 자기 십자를 지고 예수님 따르는 것을 고난을 끌어안는 삶이라고 표현했다. 즉 날마다 매순간 어떤 상황이나 환경에 처하든 주님의 주권을 인정하며 그와 동행하길 적극 시도하라는 말씀이다.

주님의 주권에 대한 순복은 하나님이 내게 있게 하신 그 위치, 그 역할에서 하나님의 뜻이 이뤄지도록 내가 할 수 있는 최선의 도구가 되는 것을 말한다. 우리는 원하는 것과 상관없이, 혹은 우리가 품었던 비전, 뜻과는 어울리지 않는 처지에 얼마든지 있을 수 있다. 이 세상은 우리의 예측, 예상대로 돌아가지 않는다. 우리는 다양한 변화와 우연의 발생으로 희생자가 되기 쉽다. 그때조차 예수님께 초점 맞춘 삶을 살라는 것이다. 하나님은 우리 삶을 향한 그분의 뜻을 명백하게 드러내셨다. 우리가 해야 할 일은 어떤 신비를 찾아내려고 애쓰는 것이 아니다. 하나님이 이미 드러내신 뜻에 순종하는 것이다. 어디에서 말인가? 우리에게 주어진 매일매일의 삶에서 그렇게 해야 한다는 말이다. 주님의 지혜와 권능 밖에서 우리 삶이 이뤄질 수는 없다. 그러니 그 주권을 인정하여 그 순간 주님 주권에 순복하는 일을 찾아야 한다. 매일매일 매순간 말이다.

꿀꿀한 오늘이라도 주님의 기대로 살기

『하나님의 임재와 기도』(*Problems, God's presence, and prayer*)의 저자 마이클 웰스(Michael Wells)는 많은 그리스도인이 특별한 그리스도 인 "어떤 사람"이 되어 보려고, 보통 평범한 신자의 것들을 무시하며 버린다고 하였다. 노력이 다른 신자들보다 뛰어난 사람, 중요한 사람, 보통 신자와 구별되는 사람이 되게 해줄 수 있다. 그러나 그런 위대한 미래를 기다리기 위해 매일의 평범한 성도의 삶을 무시하거나 버리지 말아야 한다. 미래의 위대한 날을 기다리는 동안, 평범한 하루하루에서 풍성한 주님의 임재를 누릴 수 있는 값진 시간들을 낭비하지 않도록 주의해야 한다. 신자에게는 순간순간 베푸시는 풍성한 은혜로 사는 삶이 먼저 되어야 한다. 매일 삶을 대면해서 그렇게 해야한다.

보라. 하나님의 나라가 이 세상을 침노하고 정복하고 있는가, 아니면 세상이 하나님의 나라를 침노하고 정복하고 있는가? 그렇다. 하나님의 나라가 이 세상을 침노하고 정복하고 있다. 그럼에도 우리는 거꾸로 된 것 같은 삶을 산다. 많은 신자가 일상생활과 활동에서 비롯되는 결과가 별 것 아니라고 하여 무시하고 불안해하면서 말이다. 우리가 접하는 미미한 일, 주목 받지 못하는 일 등이 영적인 일이 되어 그들의 영적인 삶을 더 풍성하게 하고 더 존귀하게 하지 못하기 때문이다. 영적인 사람들이 더 성숙해 가고 개발되어가는 것은 일상적인 날들의 사건과 활동을 통해서이다. 때로 고통스럽고 거친 일들이 그런 사람으로 빚어간다. 이제 우리 삶의 여러 활동에서 사소한 것, 싫증나는 것, 무의한 것이라고 딱지 붙여 놓았던 것을 떼어내버려야 한다.

앞서 말한 본 훼퍼 목사님은 "… 그리스도를 따르기를 거부하는 것은 그리스도를 부끄러워하는 것이요 십자가를 부끄러워하는 것이요 십자가를 꺼리는 것이다"라고 하였다. 그러면서 "십자가를 지고 살아가는 것은 영혼을 불행과 좌절에 빠뜨리는 것이 아니라, 영혼을 소생케 하고 쉬게 하는 것이요 최상의 기쁨이다"라고 강조했다. 아이나 오그돈(I. D. Ogdon)이 작시한 찬송가 458장 가사 역시 "참 기쁨으로 십자가 지고 가라 네가 기쁘게 십자가 지고 가면 슬픈 마음이 위로 받네"(통 513장)라고 하였다. 주님이 자기 부인하고 자기 십자가를 지라는 것은 신자만이 맛볼 수 있는 생명을 얻게 하기 위함이다. 그러니 자기 십자가를 장식용으로 만드는 대신 기꺼이 짊어짐으로, 더 높고 더 의미있는 일상이 되게 하시는 하나님의 간섭과 은혜를 맛볼 수 있다.

꿀꿀한 오늘이라도 주님의 기대로 살기

지레 비관하지 않고
사람들의 진정한 행복을 바라라

✝ 롬 5:1-5

어떤 자리로 부름 받았으나, 그 부름 받은 목적을 모른다거나 이해하지 못한다면 실패할 가능성이 크다. 세상에서도 바른 목적을 따라야 그 삶의 진가를 제대로 발휘할 수 있다. 공자는 「논어」에서 사회의 질서, 체계를 제대로 갖추기 위해선 정명사상을 실천해야 한다고 했다. "임금은 임금답게, 신하는 신하답게, 아버지는 아버지답게, 자식은 자식답게" 살아가라는 것이다. 각자 자기가 맡은 역할에 충실해야 함으로, 왕은 왕으로서, 신하는 신하로서, 부모는 부모로서, 자식은 자식으로서의 역할을 충실해야 한다는 것이다. 세상 사람들도 공동체 안에서 자기 역할, 자기 삶의 목적에 충실해야 나라는 나라답고 사회가 사회답고 가정은 가정다워진다고 생각한다. 삶이 자기만을 위한 삶이 아님을 알고 있는 것이다.

신자는 이것보다 더 뛰어난 삶의 자세를 가져야 한다. 우리 신자는 하나님으로부터 자기 유익 추구를 위한 부름이 아니기 때문이다. 그렇다면 우리가 부름 받은 목적은 무엇이며 어떻게 해야 신자다운 삶, 곧 더 높고 더 의미있는 일상을 살아갈 수 있을까?

우리를 향한 하나님의 부르심은 하나님 나라에 참여하게 하셨다는 뜻이다. 달리 표현하면, 더 이상의 우리 목적에 따른 삶이 아니라 하나님의 목적에 맞춘 삶을 살도록 하셨다.

> 그러므로 우리가 믿음으로 의롭다 하심을 받았으니 우리 주 예수 그리스도로 말미암아 하나님과 화평을 누리자 또는 믿음으로 서 있는 이 은혜에 들어감을 우리로 얻게 하신 우리 주 예수 그리스도로 말미암아 하나님으로 더불어 화평을 누리며(롬 5:1).

"그러므로"는 로마서 1장부터 4장까지의 핵심 내용을 요약하는 단어이다. 즉 하나님께서 예수 그리스도의 신실한 삶과 죽음과 부활을 통해 우리를 의롭게 해 주셨으므로, 라는 뜻이다. 신자는 예수 그리스도와 연합하여 그분의 죽음이 나의 죽음이 되었고 주님의 생명이 나의 생명의 되었다. 그리스도의 의로움으로 신자는 하나님께 의로운 자로 서 있게 되었다는 뜻이다. 이 의로움은 하나님과 우리의 올바른 관계를 의미한다.

꿀꿀한 오늘이라도 주님의 기대로 살기

하나님께서 세상을 창조하실 때 사람은 모든 것과 올바른 관계 속에 있도록 하셨다. 하나님과 사람, 사람과 사람, 사람과 세상, 사람 자신과 올바른 관계로 있었다. 하나님만을 경배하고 순종하였다. 서로 사랑과 존경으로 높였다. 섬김으로 세상을 돌보았다. 자기 안에 하나님의 만족스러운 사랑이 있음에 감사했다. 그래서 하나님은 보시기에 좋았다고 하셨습니다. 히브리어 좋았다인 '토브'(טוב)는 하나님이 사랑과 행복의 근원이시므로 모든 창조물을 행복하게 만드셨다는 뜻이다. 하나님 질서에 따라 인간이 하나님을 경외하는 자리에 있어야 행복하다. "하나님은 행복하신 유일한 주권자"(딤전 6:15)이시기 때문이다.

그러나 죄가 이 모든 관계를 파괴하고 말았다. 첫 사람 아담과 하와가 하나님과의 관계를 파괴하자 모든 질서가 어그러졌다. 세상은 더 이상 보기에 좋은 상태가 아니었다. 인간 스스로가 하나님이 되겠다는 죄악으로, 세상 모든 것이 엉망진창이 되었다. 하나님은 "네가 네 아내의 말을 듣고 내가 네게 먹지 말라고 한 나무의 열매를 먹었으니, **땅이 너로 인하여 저주를 받을 것이다.** 아이 낳는 것이 네 아내에게 고통스러운 일이듯이 네가 땅에서 양식을 얻는 것도 고통스러운 일이 될 것이다. 너는 평생토록 수고하며 일해야 할 것이다. 땅은 가시와 엉겅퀴를 내고 너는 죽어서 흙으로 돌아가는 그날까지 새벽부터 저녁까지 땀 흘리며 들에서 씨를 뿌리고 밭을 갈고 수확해야만 양식을 얻을 수 있을 것이다. 너는 흙에서 시작되었으니, 흙으로 끝날 것이다"(창 3:17-19, 메시지)라고 말씀하셨다.

인간은 하나님을 두려워하여 피해 숨었다. 서로를 비난하며 책임 전가했다. 세상은 파괴되었다. 자신의 부끄러움을 감추는데 모든 방어기제를 사용하게 되었다. 인간은 끝도 없는 공허감에 시달리게 되었다. 일을 해도 해도 끝이 없다. 월급 타면 더 공허하면서 왜 사는지 근본적인 질문을 던질 수밖에 없는 이유가 여기에 있다. 세상이 왜 이와 같이 참담하게 되었느냐, 왜 진정으로 행복할 수 없느냐, 인간의 죄 때문이다.

그러나 패역한 우리를 그리스도의 사랑으로 부르셔서 하나님과 올바른 관계를 맺도록 하셨다. 인간이 있어야 할 원래의 자리, 본연의 위치로 돌이키도록 하셨다. 인간이 참된 목적을 되찾고 하나님의 행복을 얻게 되니 하나님의 은혜이다. 행복은 구약 히브리어로는 '토브'(טוב), 신약의 헬라어로는 '마카리오스'(μακαριος)이다. 마카리오스는 영어성경에서 블레씽(blessing)으로 번역한다. 블레씽은 블리드(bleed)라는 '피를 흘리다'라는 말에서 왔다. 즉 예수의 피 흘림으로 죄 사함 받아 하나님과 올바른 관계를 맺는 것이 행복이다. 존 파이퍼 목사님은 하나님이 행복하시다는 이 진리가 우리에게 복음이라고 하였다. 우리가 영원히 교제하고 섬길 하나님은 우울한 분도, 불행한 분도, 감정 기복이 있는 분도 아닌 사랑과 행복이 넘친 분이기 때문이다. 행복한 사람과 함께 있으면 행복하다. 우리는 영원한 행복의 근원이신 주님으로 진정한 행복자가 되었다.

그러나 신자는 하나님의 자녀로 진정한 행복을 얻게 되었지만, 여전히 죄악으로 깨지고 파괴되어 비참에 빠진 이 세상을 보게 된다. 그때 신자는 하나님의 마음을 갖게 된다. 이것을 예수님의 마음을 통해 보라. 예수님은 마르다와 마리아의 오빠 나사로의 무덤 앞에 서셨다.

> 마리아도, 마리아와 함께 온 유대인들도 울었다. 그 모습을 보시며, 그분 안에 깊은 분노가 북받쳐 올랐다. 예수께서 말씀하셨다. '그를 어디에 두었느냐?' 사람들이 말했다. '주님, 와서 보십시오.' 예수께서 눈물을 흘리셨다 … 예수께서 무덤에 이르셨을 때, 그분 안에 다시 분노가 북받쳐 올랐다 …(요 11:33-35, 38a, 메시지).

예수님께 분노가 북받쳐 올랐다고 하였다. '분노하셨다'는 말은 문자적으로 말(馬)이 숨을 거칠게 내몰아쉬는 것을 묘사한 단어이다. 예수님의 숨소리가 이와 같았다. 예수님은 하나님의 형상으로 창조된 인간에게 사망을 가져다 준 원수 마귀와 죄의 세력을 주님께서 마주 대하셨다. 그것들로 인해 불행과 비참에 빠진 인간을 불

쌓히 여기셨다. 그것 때문에 주님 자신도 모르게 온 몸을 떨며 신음하셨다. 주님의 부르심은 바로 이런 분노의 동참하도록 하기 위함이다. 우리 주변을 보라. 원수와 사망이, 그리고 죄가 인간과 세상을 짓밟아 비참한 운명으로 만드는지 보아야 한다.

자기 욕구를 위하여 배우자를 저버린다. 자기 만족을 위하여 자녀를 학대한다. 자기 이익을 위하여 다른 사람과의 신의를 저버린다. 자기 우월감을 증명하기 위해 종교를 이용한다. 자기 이익을 위하여 환경을 파괴한다. 자기 이익을 위하여 진리를 왜곡시킨다. 자기 이익을 위하여 법과 질서를 깨뜨린다. 자기 이익을 위하여 전쟁을 일으킨다. 자기를 위해 하고 싶은 대로 한다. 그리고 다른 사람들을 고통 중에 빠뜨린다. 헤아릴 수 없는 죄악의 창궐한 세상, 불행에 허덕이는 세상을 보게 된다. 그러나 그리스도인들은 알코올 중독자의 알코올만을 보는 것이 아니다. 정욕을 추구하는 그 사람들의 무질서한 삶만을 보는 것이 아니다. 인간의 자기중심적 사고 그 자체를 보는 것이 아니다. 인간 영혼이 원수와 죄의 종노릇하고 있는 것을 보는 것이다. 그래서 주님과 같이 사탄의 권세와 죄에 대하여 분노의 마음을 갖는다.

마이클 웰스(Wells, Michael)가 쓴 『하나님의 임재와 기도』(*Problems, God's presence, and prayer*)라는 책에 그의 인도인 친구에 대한 이야기가 실려 있다. 그 인도 친구는 한때 예수님의 얼굴을 보고 싶다는 소원을 가지고 있었다. 그가 할 사역을 앞에 주님을 본다면 확신 있게 사역할 수 있을 것 같았기 때문이다. 그래서 그는 금식 기도를 시작했는데, 사일 째가 되는 어느 날 밤이었다. 문 밖에서 노크 소리가 들려 조심스럽게 문을 열었다. 그가 발견한 것은 더러운 누더기 옷에 영향실조로 흉한 모습을 한 소년이었다. 그 소년은 인도 친구에게 파리 떼가 몰려드는 이유는 자기 몸에 오물이 있기 때문이라고 하였다. 그러면서 엄마 아빠가 그를 버렸고 모든 사람이 자신을 싫어한다며, "나는 오물이에요"라고 외치곤 어디론가 사라졌다. 문을 닫고 들어와 멍하니 앉아 있는데 주님께서 그에게 말씀하셨다. "이제 너는 내 얼굴을 보았느니라! 고통 받는 사람들, 버림받은 사람들, 굶주림으로 질병으로 죽어가는 사람들, 그들이 있는 그 곳에 내가 있느니라!"라고 하셨다. 주님 마음으로 비탄과 불행에 빠진 세상을 바라보는 것이 주님의 부름 받은 신자의 마땅한 반응이다.

그러나 우리가 분노하는 것이 하나님의 마음이나 목적에 얼마나 일치하는지 살펴보라. 하나님의 것과 일치되지 않는다. 하나님의 안타까움에서가 아니라 우리의 뜻과 원함이 이루어지지 않음으로 분노하고 있다. 우리가 원하는 것을 원하는 때에 원하는 방식으로 이루려고 한다. 나의 원함의 방해가 되면 그것이 장애물이며 분노의 대상이며 제거해야만 하는 악이 되고 만다. 하나님의 그 목적에 상관없이 자기 뜻에 사로잡혀 있다면 분노는 필연적이게 된다. 우리가 하나님의 뜻에 일치 되지 않음으로 하나님이 분노하실 때 우리는 분노하지 않는다. 하나님이 분노하지 않으실 때 우리는 분노한다. 그리고 언제나 하나님과 충돌을 일으키게 된다. 이것이 우리가 더 높고 더 의미있는 일상을 살지 못하는 이유이다.

또한 우리 삶에서 실망스럽지 않은 것이 무엇 있는가? 거의 없다. 자기 욕망에 사로잡혀 언제나 하나님의 부름 받은 목적과 충돌을 일으키기 때문이다. 그래서 화를 내고 우울하고 실망스럽다. 그렇게 보자면, 실망은 자기 뜻대로 살려는 모든 사람의 공통된 감정이다. 실망하지 않는 부모는 없다. 자기들의 자녀가 제일 멋지고 천재라고 생각한다. 그러나 웬걸, 어느 순간 꿈은 산산이 조각난다. 마음에 드는 사람이 있는가? 거의 없다. 교회 대해서 실망스럽지 않은 부분이 있는가? 엄청나게 많다. 처음에는 이 교회가 내 교회다, 내가 찾던 교회다, 내가 만나고 싶던 목사님이다, 죽을 때까지 교회 일원으로 살아가겠다 등등 고양된 마음을 갖는다. 하지만 어느 순간 채워지지 않는 허전함으로 실망스럽고 짜증나고 넌덜머리가 난다. 이런 이야기가 있다.

"우리가 들고 있는 카드 뭉치에는 에이스가 없다."

우리의 바람대로 살자니 언제나 실망이다. 그러니 사르트르가 이야기했듯 "타인은 지옥이다"라고 하는 것이다. 내 목적, 내 뜻을 위하고자 하니 책임과 의무로 다가온 타인은 방해거리가 되기 때문이다. 이것이 우리의 일상이 더 높고 더 의미있는 삶이 되지 못하는 이유이다.

그러나 로마서에서 "이뿐만 아니라 우리는 환난을 당하더라도 즐거워합니다. 그것은 환난이 인내를 낳고, 또 인내는 연단된 인품을 낳고, 연단된 인품은 소망을 낳는 것을 알기 때문입니다. 이 소망은 절대로 우리의 기대를 저버리지 않습니다. 그것은 하나님께서 우리에게 주신 성령을 통해 우리 마음에 하나님의 사랑을 부어 주셨기 때문입니다"(롬 5:3-5, 쉬운성경)라고 말씀한다. 하나님의 부르심과 하나님의 목적을 완전한 성취하는 사이에는 환난이 있다. 하나님의 뜻과 세상 뜻이 충돌 일으킴으로 환난이 파생된 것이다. 거기에서 오는 소외와 거절, 손해, 비웃음과 고난을 당한다. 고통스러우며 어려운 환경 속에 있기도 하겠지만, 그 속에서도 소망을 가질 수 있다고 하였다. 더 높고 더 의미있는 일상을 살 수 있다는 말이다. 오늘 본문에서 '즐거워하다'의 헬라어 카우카오마이(καυχάομαι)는 '자신감이 있다', 혹은 '확신에 차 있다'라는 의미이다. 어려운 상황이나 환경, 겪고 있는 사건들과 상관없이 언제나 자신감이 있고 확신에 차 있음을 강조하는 말이다.

어떤 것에 대한 자신감과 확신을 말하는 것일까? 세상 환난 중에도 하나님의 목적이 온전히 이루어질 것이라는 확신이다. 하나님의 뜻과 사람의 뜻이 충돌할 때 언제나 하나님의 뜻이 이겼다. 하나님의 분노와 사람의 분노가 충돌했을 때 하나님의 분노가 이겼다. 그것의 가장 결정적인 사건은 예수 그리스도의 십자가이다. 예수님이 십자가에 못 박힌 이유는, 죄와 반역의 세상을 더 이상 참을 수 없으셨던 하나님의 거룩한 분노 때문이다. 하나님은 인간의 비참함을 자신의 고통으로 여기셨다. 그러나 사람의 분노도 그리스도를 십자가에 못 박았다. 자기들의 목적과 소원과 다른 메시아였기에 저주하고 십자가에 못 박았다. 하지만 인간의 분노와 하나님의 분노가 충돌하자, 하나님의 뜻과 인간의 뜻이 충돌하자 하나님의 뜻이 승리한다. 예수 그리스도의 십자가 죽음으로 부활 생명을 이뤄내셨다.

인간의 가장 어리석은 선택, 가장 악질적인 죄의 모습, 심판 받아 마땅한 그 행위에서도 하나님의 뜻을 이루시고 성취하셨다면, 온 세상을 회복하시기 위한 하나님의 경륜 그것이 틀림없이 이루어진다고 하는 확신에서 오는 즐거움, 그것을 바울은 소망이라고 한 것이다. 이러한 소망을 믿고 하나님의 뜻에 따라 사는 매순간이 최고선임을 확신하게 된다. 하나님이 약속하지 않은 것들을 우리의 소망으로 삼지 않고, 다만 하나님의 뜻이 이루어지도록 매순간 하나님께 맡기고 그분을 따르는 것이다. 어떻게 말인가? 매일 매순간 하나님의 마음으로 불행에 빠진 이 세상을 바라보는 것이다.

신자 역시 이 타락한 세상에서 매일 매순간 분노하고 실망을 경험하게 될 것이다. 그러나 겁내지 않고 도망가지 않고 세상을 불쌍히 여기는 일을 그만 두지 않을 것이다. 세상을 사랑하고 그들의 비참한 운명이 변하여 하나님의 은혜 가운데 있게 하기까지 멈추지 않을 것이다.

> 우리가 선을 행하되 낙심하지 말지니 포기하지 아니하면 때가 이르매 거두리라(갈 6:9b).

존 스토트 목사님(Rev. John Robert Walmsley Stott)은 신자로서 살아가는 일에 결코 낙심하지 말도록 격려하면서 호주의 토머스 섯클리프 모트라는 사람의 이야기를 들려주었다. 토머스는 시드니에 정착한 영국인 이주민이었다. 19세기 초반, 그는 식품을 냉장하는 문제를 푸는 데 몰두했다. 호주에서 유럽으로 고기 수출을 했었는데, 도착하기 전 고기가 다 상해버렸기 때문이다. 그래서 토머스 모트는 효과적인 냉장 방법을 발명하기로 결심했다. 그는 3년이면 해낼 수 있을 것이라 생각했지만, 26년이라는 세월이 걸렸다. 그는 냉장된 고기의 첫 배송품이 호주를 떠나는 것을 보았지만, 그 고기가 도착하기 전에 세상을 떠났다. 토머스 모트의 서재 벽 위쪽 둘레 곳곳에 그의 좌우명을 스무 번이나 적어 놓았다.

끝까지 인내해야 성공한다.

해도 소용없다, 변화를 기대하는 것이란 볶은 콩에서 싹 나기를 기다리는 것과 같은 어리석은 일이다, 라고 지레 비관하지 않고 사람들의 진정한 행복을 위하여 매순간 하나님의 뜻을 이 땅위에서 실천하는 것이다.

꿀꿀한 오늘이라도 주님의 기대로 살기

열다섯 번째 이야기

하나님의 신실함에 초점 맞출 때
내 삶은 더 의미있게 된다

민 11:4-15

    미국의 사회학자 로버트 K. 머턴(Robert K. Merton)은 자본주의 사회에서 나타나는 '부익부 빈익빈' 현상을 성경 구절을 들어 설명했다. 마태복음에는 "무릇 있는 자는 받아 풍족하게 되고, 없는 자는 그 있는 것까지 빼앗기리라"(마 13:12; 25:29)라는 말씀이 두 번 나온다. 이를 인용해서 로버트 머튼은 마태 효과(Matthew effect)라고 이름 하였다. 이는 경제적인 것에만 해당되는 것은 아니다. 성공은 명성과 인정으로 이어지고 이는 더 많은 성공 기회와 성공에 도움이 되어, 보다 많은 자원으로 이어질 가능성이 크다는 것이다. 루카스(Lucas)는 이를 행복과 불행에 연결지어 연구했다. 미국과 영국의 사람들을 대상으로 십수 년, 혹은 20년이 넘게 추적 연구했다. 그랬더니 건강하고 행복한 가정생활을 하는 사람들과 그렇지 않은 사람들 사이에서도 마태효과와 같은 현상이 있음을 발견하였다.

그의 연구 결과에 따르자면, 마치 불행한 사람에게는 계속 불행한 일이 찾아오고, 행복한 사람에게는 불행한 일이 없거나, 행복한 일이 더 많은 것처럼 보였다. 그러면 낮아진 행복, 혹은 잦은 불행의 마태효과를 내버려두어야 하는가, 아니다. 이런 효과가 나타나기 전에 자발적 행동을 통해 긍정적인 에너지로 바꿀 수 있다. 바로 지금 이 순간 부정적 마태효과를 없애고 긍정적 마태효과를 불러올 수 있다는 것이다. 즉 오늘 나의 현장에서 관점을 바꾸고 살아 있는 것에 감사하며 비교하지 않고 목표를 다시 세우고 삶을 음미하며 나누고 베풀 수 있다. 그러면 긍정의 마태효과가 나타날 수 있다는 주장이다.

물론 이는 성경의 진리는 아니다. 하지만 이것을 응용해서 우리 삶에 비추어 볼 수 있다. 불행한 사람이 불행할 이유만 찾아 불행을 쌓아올리듯, 우리가 신자임에도 불구하고 더 높고 더 의미있게 살지 못하는 것을 찾아 집중하다가 매일 매순간을 소비해버리는 것은 아닌가, 생각해 보아야 한다. 지금 우리에게는 더 높고 더 의미있는 일상을 살게 하신 하나님의 선하심을 찾고 그것에 집중하는 지혜가 필요하다. 더 높고 더 의미있는 삶을 살지 못하는 것에 집중하는 이스라엘 백성을 발견한다.

꿀꿀한 오늘이라도 주님의 기대로 살기

백성 가운데 있던 어중이떠중이 무리가 탐욕을 품자, 이윽고 이스라엘 백성도 울며 불평을 터뜨렸다. '어째서 우리는 고기를 먹을 수 없는 거지? 이집트에서는 오이와 수박, 부추와 양파와 마늘은 말할 것도 없고 생선까지 공짜로 먹었는데 말이야! 여기에는 맛있는 것이 하나도 없다. 우리가 먹을 것이라고는 온통 만나, 만나, 만나뿐이다(민 11:4-6, 메시지).

이스라엘 백성들 중에 섞여 사는 다른 인종 어중이떠중이들이란 출애굽 할 때 함께 나온 애굽의 백성, 혹은 잡족들을 말한다. 그들은 애굽에서 일어난 하나님의 열 가지 기적을 보면서 이스라엘 백성으로 귀화한 자들이다. 이 시점은 출애굽 한 지 약 1년 정도 지난 때였다. 이들은 만나 외에 다른 먹을 것이 없다고 불평하기 시작한다. 그러자 모든 이스라엘 백성이 그들 허튼 소리에 전염되어 불평하였다.

그러나 성경은 이들의 불평이 바람 차원이 아니라 탐욕을 품었기 때문이라고 말씀한다. 탐욕이란 절실히 필요한 것이 아니라 분수에 넘치는 것을 얻고자 하는 마음을 뜻한다. 그들에게 먹을 것이 아예 없지도 않았다. 또 그들에게 만나밖에 없다고 말하지만 "만나는 작고 하얀 씨처럼 생겼습니다. 백성들은 그것을 주워 모아서, 맷돌에 갈거나 절구에 찧었습니다. 그래서 냄비에 요리를 하거나 과자를 만들기도 했습니다. 그러자 그것은 기름에 구운 빵 맛이 났습니다"(7-8절, 쉬운성경)라고 하였다. 이 말씀은 만나를 그들의 입맛에 맞도록 얼마든지 다르게 요리할 수 있었음을 말해 주고 있다. 그들에게 먹을 것이 없다거나 부족한 상태가 아니었다.

그러나 예전에 먹을 수 있었고 할 수 있었던 일들을 지금 할 수 없고 먹을 수 없다는 이유로 불평한다. 그러면서 이들은 부정적 마태효과를 일으키듯, 불평에 전염되어 온 이스라엘 백성이 자기 장막 앞에서 울고 있었다. 얼마나 못난 모습인가! 그들이 탐욕에 젖어 무엇이라고 불평하는지 보라.

민수기 11장 5절에서 "애굽에서는 고기를 먹을 수 있었는데 지금은 먹지 못한다."
민수기 11장 18절에서 "애굽에 있을 때가 좋았다", "애굽에 있을 때가 재미있었다"(개역개정).
민수기 11장 20절에서 "우리가 어찌하여 애굽에서 나왔던가."

한 마디로 고기 먹을 수 없다는 것 때문에 애굽에 있을 걸 괜히 나왔다는 말이다. 이들은 탐욕에 눈멀어 신실하신 하나님이 더 큰 축복과 은혜 주심을 망각한다. 만나 그 자체는 하나님의 충족, 충만을 상징한다. 즉 이스라엘 백성은 필요한 것을 이미 충분히 가지고 있었다. 특히 9절을 보면, "밤이 되어 진에 이슬이 내릴 때면, 만나도 그 위에 내리곤 하였다"(민 11:9, 표준새번역)라고 하였다. 만나는 새벽 이슬과 함께 내려졌고, 해가 떠오르는 아침녘에 사라졌다. 열을 가해 요리해도 아무 이상 없는 만나가 아침녘이 될 때 저절로 사라진다는 것은, 만나가 초자연적인 음식임을 말해 준다.

> … 하나님께서는 … 하늘에서 만나를 비같이 풍성하게 내려 그들을 먹이시고, 하늘의 양식을 내려 주셨으니 사람들이 천사의 음식을 먹은 것입니다. 하나님께서 그들에게 풍족한 양식을 보내 주신 것입니다(시 78:23-25, 쉬운성경).

만나는 최상의 음식 그 이상으로 천사들이 먹는 음식이라고 말씀한다. 하지만 그것을 맛보면서도 그 가치를 상실시키고 있다. 탐욕에 눈먼 자들은 하나님의 더 좋은 것, 더 중요한 것, 더 가치 있는 것을 보지 못하게 한다. 1973년 여름, 조너선 딤블비라는 영국의 기자가 에티오피아의 기아 상황을 보도하였다. 굶주린 에티오피아인들의 참담한 모습에 전 세계로부터 돕고자 하는 사람들과 엄청난 원조 식량이 모여들었다. 그런데 선물 꾸러미가 에티오피아 수도 아디스아바바에 도착하자, 에티오피아의 재무장관은 그 원조 식량에 무거운 관세를 부과했다. 기증 국가들은 너무 어이가 없어 항의했다. 그러자, 장관은 "돕고 싶다고요? 부디 도와주십시오. 하지만 돈을 내야 합니다"라고 하였다. 그러자 기부자들은,"무슨 말입니까, 돈을 내야 한다니요? 우리는 바로 당신 나라를 돕는 겁니다. 그런데 돈을 내라니요?" "그렇습니다. 규정이란 게 있지 않습니까? 우리 제국에 아무 이득도 없는 방식으로 도울 생각입니까?"(『우리의 죄, 하나님의 샬롬』 pp.34-35)

그들 스스로 삶을 좋은 것과 나쁜 것, 더 중요한 것과 덜 중요한 것을 바꿔치기하는 일에 악용하고 있다. 그들은 애굽에서 참된 인간의 가치도 모르는 짐승과 같은 노예, 일만하는 기계였다. 그러나 지금은 하나님의 위대하심을 보고 구원 받은 백성이 되었다. 자유인이 되었다. 부귀영화 얻지 못한다 하더라도, 사람들은 자유만은 결코 빼앗기지 않겠다며 지키고자 무엇이든 희생한다. 그러면 자유인으로 사는 것이 더 중요한가, 노예로 물고기를 뜯고 있는 것이 더 중요한가? 가치 변형, 가치 왜곡으로 더 중요한 것을 보지 못하고 있다. 이것이 그들이 더 높고 더 의미있는 삶을 살지 못하는 이유이다. 천사의 음식을 먹었으나, 탐욕에 사로잡힌 그들이 어떻게 되었나 보라.

하지만 그들은 계속해서 죄를 지었습니다. 기적을 보면서도 그 것을 믿지 않았습니다. 그래서 하나님께서는 그들의 삶을 무 가치하게 만드셨고, 두려움으로 인생을 마치게 하셨습니다 (시 78:32-33, 쉬운성경).

자신의 가치를 극대화하기 위해 필요한 것은 더 많은 것을 소유 하고 소비하는 것에 있지 않다. 더 넘치도록 많은 것을 갈망할수록 이상하게도 인간의 존엄성은 떨어진다. 하나님이 이미 주신 것들 을 사랑하고 감사할 때, 모든 것이 제 자리에 위치하여 삶이 가치 있게 된다.

유태인의 민족 교과서인 『탈무드』에 이런 글이 있다.

이 세상에서 가장 현명한 사람은 누구인가?

모든 사람에게 항상 배우는 사람이다.

이 세상에서 가장 강한 사람은 누구인가?

자기 자신을 아는 사람이다.

이 세상에서 가장 부유한 사람은 누구인가?

자기가 가진 것에 만족하는 사람이다.

우리는 매일 매순간이라는 만나를 하나님으로부터 받은 자들이다. 구원의 은혜, 하나님의 자녀로 살아가는 은혜를 누리고 있다. 우리에게 저절로 온 것은 아무것도 없다. 다 하나님의 은혜이다. 하나님으로부터 온 이 은혜를 깊이 묵상하며, 하나님의 뜻에 맞는 삶을 살아 더 높고 더 의미있는 인생으로 발전시켜 가야 한다.

이스라엘 백성이 탐욕으로 불평한 근본 이유는 하나님을 신뢰하지 않은 것에 있다고 말씀하신다. 마치 하나님이 실수라도 해서 혹은 무능력해서 "내가 왜 여기에 있어야 하지?"라며 그들 현재의 삶을 부정했다는 뜻이다. 민수기 11장 20절에 "너희 가운데 있는 하나님을 너희가 거부하고, 그 얼굴을 향해 '아이고, 우리가 어쩌자고 이집트를 떠났던가?' 하면서 불평했기 때문이다"(메시지)라고 했다. "애굽에 있을 때보다 더 나은 것이 뭐가 있느냐, 먹을 것도 형편없는데 여기 있을 필요 없잖아!"라고 했다는 것이다. 그들이 원하는 환경이 아니었기에 하나님을 신뢰하지 않고 의심했다는 말이다.

시편 106편은 "그러나 그들은 금세 모든 것을 잊었고 주께서 할 일을 말씀하실 때까지 기다리지 않았다. 사막에서 자기만족을 얻는 데만 마음 쓰고 줄기차게 요구하면서, 주님을 노엽게 했다"(시 106:13-14, 메시지)라고 하였다. "주께서 할 일을 말씀하실 때까지 기다리지 않았다"라는 말이 무슨 뜻일까? 하나님은 하나님만

꿀꿀한 오늘이라도 주님의 기대로 살기

절대적으로 의존하도록 훈련하셨음을 말한다. 만나는 매일 구해야 한다. 매일 매순간 하나님을 의지하는 훈련이다. 또 출애굽해서 1여 년 동안 하나님께서 모세를 통해 교육하신 내용이 40년 광야 생활한 내용보다 더 많이 기록되어 있다. 그만큼 이스라엘 백성을 하나님의 백성으로 갖추어야 할 가치, 모습에 대해 훈련하는 일이 무엇보다 중요했다는 뜻이다. 그리고 그 하나님의 가르침에 따라 하나님이 주신 약속의 땅, 가나안을 정복해야 한다. 그래서 저 아브라함 때로부터 약속하신 하나님의 뜻, 열방을 위한 하나님의 은혜 왕국을 이뤄가야 한다.

지금 여기에 있는 이유는 먹기 위함이 아니다. 먹는 것도 중요하지만, 더 중요한 것은 하나님의 백성으로 하나님을 전적으로 신뢰하여 의존하는 일이다. 그럼에도 하나님을 신뢰하지 못하고 지금 당장 육신의 욕심을 따라 하나님을 원망하고 있다. 덜 중요한 것을 앞세울 때 지금 현재의 삶은 초라하게 취급된다. 그리고 덜 중요한 것으로 방해 받아 진짜 목적에 이르지 못하는 낭패를 겪게 된다.

덜 중요한 것은 시간적으로 급하며 감각적으로 당장 충족되어야 할 것처럼 보이는 특징이 있다. 지금은 사라진 이스턴 항공사의 401편 뉴욕과 마이애미 사이에서 추락한 사건이 이 사실을 잘 말해 준다. 착륙을 준비하던 승무원들의 착륙 장치가 내려갔음을 보여 주는 등에 불이 들어오지 않은 것을 발견했다. 등이 문제인지

착륙장치가 문제인지는 알 수 없었다. 항공 기관사가 전구를 제거하려고 했지만 풀리지 않았다. 다른 승무원들도 그를 돕느라 바빴다. 그러다보니 비행기가 하강하고 있다는 사실을 누구도 눈치 채지 못했다. 결국 비행기는 늪에 추락해 전원 사망하고 말았다. 이 승무원들은 고도로 훈련을 받았고 경험도 많았지만, 그리 중요하지 않은 전구에 매달리다가 탑승자 전원 사망하는 비극을 낳았다.

하나님은 지금 무엇이 더 중요하냐, 너희가 원하는 환경이 중요한 것이 아니라 나를 신뢰하여 의존하는 것이 어떤 것보다 중요하다, 그것을 위해 내가 일하고 있다고 말씀하신다. 세상은 돈을 믿고 권력을 의지하지만, 하나님만 의지하는 백성 되어야만 이스라엘이 제사장 나라로 열방에 빛이 되고 축복의 통로가 될 수 있다.

이것을 신약성경 빌립보서 2장 13-15절에서 "너희 안에서 행하시는 이는 하나님이시니 자기의 기쁘신 뜻을 위하여 너희에게 소원을 두고 행하게 하시나니 모든 일을 원망과 시비가 없이 하라 이는 너희가 흠이 없고 순전하여 어그러지고 거스르는 세대 가운데서 하나님의 흠 없는 자녀로 세상에서 그들 가운데 빛들로 나타내며"(빌 2:13-15)라고 말씀하였다. 하나님이 기뻐하시는 일을 하도록 우리를 돕고 계시니 원망과 시비가 없게 하라는 것이다. 여기서 '원망'이라는 단어는 오늘 본문에서 이스라엘 백성이 탐욕으로 불평할 때 내는 소리를 담은 의성어이다. 지금의 내 삶이 마음에 들지 않더라도, 마치 내 삶에서 하나님이 일하시지 않는 것처럼 하나님과 논쟁하고, 내 현재의 삶을 부정하지 말라고 하신다. 만약 그렇게 한다면 어그러지고 거스르는 세대, 삐뚤어지고 잘못된 세대의 제사장으로서 빛들로 나타날 수 없다는 것이다. 이스라엘 백성처럼 실패에 이르게 된다, 삶에서 계속된 불행과 원망만을 불러오게 될 것이라고 하신다.

빌 게이츠가 마운틴 휘트니(Mt.Whitney) 고등학교 학생들에게 인생충고 열 가지를 들려 주었다. 그 첫 번째가 "인생이란 원래 공평하지 못하다. 그런 현실에 대하여 불평할 생각하지 말고 받아들여라. 또한 잘못한 것이 있다면 불평보단 교훈을 얻어라. 불평이란 단어가 들어간 공식이 정답으로 인정받은 예는 그 어디에도 없기 때문이다"이다. 신자인 우리는 이 사실을 더욱 잘 알고 있다. 이 세상은 삐뚤어지고 잘못된 세대이기 때문이다. 우리 삶은 내가 바라는 대로 진행되지 않는 경우가 대부분이다. 우리 주변 사람들 역시 내가 원하는 모습만을 갖추고 있지 않다. 그래서 "이것은 내가 꿈꾸던 결혼 생활이 아니었어"라거나 "내 인생에 이런 일이 일어나다니, 이럴 수는 없어. 이것은 내가 원하는 바가 아니야"라고 비명 지를 수 있다. 하지만 우리가 하나님보다 더 나은 계획을 가지고 있는 것처럼 논쟁하지 마라, 하나님은 죽은 하나님이 아니고 살아계신 하나님이시다, 그의 어리석음이 인생의 지혜보다 뛰어나며 그의 약하심이 인생보다 강하시다, 라고 하신다.

우리 신자가 더 높고 더 의미있는 삶을 살기 위해선 내 필요가 아닌 하나님의 신실하심에 초점 맞추어야 한다. 그리고 우리 삶의 주변과 조화를 이뤄가는 일이 반드시 필요하다. 그 삶에서 그리스도의 빛을 발하도록 하나님께서 우리 마음에 소원을 두셨기 때문이다. 우리가 신자로서 승리하는 삶이란 무엇일까? 여러 역경을 딛고 성공 거두는 일이 될 수 있다. 또 원수 마귀를 짓밟아 놓는 일을 말할 수도 있다. 그러나 사도 바울은 원망과 시비없이 우리 삶을 견디는 것이라고 말씀한다. 현재의 삶을 부정하려 하지 않고 받아들이는 것이다. 순응한다는 뜻은 결코 아니다. 지금의 내 가족, 지금의 주변 사람들, 내가 처한 상황을 어떻게 해서든 지워버리려는 것은 지혜가 아니다, 그것은 이스라엘 백성처럼 삶을 무가치하게 만드는 일이다, 라고 하신다. 세상은 얼마든지 그렇게 하지만, 신자는 그럴 수 없다는 하나님의 가르침을 받는다. 그 속에서 원망과 시비대신 하나님을 신뢰함으로 의존한다. 세상을 돌본다. 그럴 때 세상은 우리 삶에 관심 갖게 되며, 우리 삶은 더 높고 더 의미있게 된다.

에필로그(Epilogue)

어느 날 기도해 주시는 한 권사님에게 전화가 왔다.

"목사님, 무슨 일 있어요?"라고 말이다. 뜬금없이 물어보셔서 "갑자기 무슨 일이라니요?"라고 여쭈었다. 그 권사님 하시는 말씀이 "아무개 권사님 아시죠? 그 권사님이 전화해서 이은호 목사님에게 무슨 일 있냐고 물어보더라고요. 나는 사정을 모르니 목사님께 전화한 거에요."

이야기인즉 이러했다. 나는 그 아무개 권사님을 뵌 적이 두 세 번 밖에 되질 않는다. 그런데 그 권사님은 감사하게도 나를 기억하여 계속 기도해 오셨다는 것이다.

이 분이 자기 문제로 괴로워서 하나님께 기도를 드렸다. 출석하는 교회를 성심 다해 섬겨왔으나, 교인 중 어느 사람들은 이 권사님의 진심을 왜곡해서 폄훼하기 일쑤였다. 그래서 하나님께 "저는 억울해요, 억울해요"라고 기도하였다. 그 날도 억울하다며 기도하

꿀꿀한 오늘이라도 주님의 기대로 살기

고 있었는데, 하나님께서 "네가 억울하냐? 이은호 목사는 더 억울하다"라고 하셨다는 것이다. 그 말씀에 깜짝 놀라 나에게 무슨 일이 있는지, 알아보게 한 것이다.

그 무렵 나는 갈 길을 잃은 양과 같았다. 나는 어리석었고 교만했다. 나를 알아주지 않는다는 분노가 있었다. 그럼에도 하나님의 확실한 사인이 있기 전까지 내가 지금 있는 자리를 굳게 지키기로 다짐했다. 나름 내 자신을 이겨가며 최선 다해 사역의 결실도 있었다. 하지만 신뢰 지켜 줄 것을 더 이상 기대할 수 없음이 너무도 분명하였다. 그렇다면 내 길을 찾아나가야 하는데, 막막하였다. 아내는 실망이 너무 큰 나머지 그 스트레스로 하혈까지 하였다. 인간의 신의는 형편과 주변 상황에 따라 얼마든지 달라진다.

바로 그 때 그 아무개 권사님으로부터 연락이 온 것이다. 나는 하나님께서 눈 감고 귀 닫고 계시지 않음을 알게 되었다. 주님은 나의 어처구니 없고 미련한 행동들, 나와 관련된 일들 하나 하나 알고 계셨다.

나는 반복된 넘어짐들을 통해, 비록 발을 잘못 들여놓았더라도 그것이 끝이 아님을 알게 되었다. 하나님은 그러한 일들을 통해서도 나를 다듬어 가셨다. 나의 지혜는 부족했으나, 하나님의 지혜는 무한하시다. 나는 한 두 가지 방법 밖에 없다며 절망했으나, 하나님의 수는 무한하여 상상할 수 없는 길로 인도하여 소망을 주신다.

내게 그러했다.

그런 까닭에 내일과 미래를 예단하여 엎어져 있을 것이 아니라, 오늘 지금 하나님이 나에게 최고가 되게 하는 것이 지혜이다. 내 모습이 어떻든지 오늘 할 수 있는 하나님의 뜻을 행하기로 몸부림 하는 것이다. 뒤로 물러서지 않고, 변명하고 핑계거리를 찾지 않고, 오늘이라는 시간을 하나님 앞에서 견디는 것이다. 정북을 향하려는 나침반의 자침이 떨림과 같이 하나님을 향해 서 있으려는 그 자체가 귀하다.

어느 책에서 <사랑의 블랙홀>이라는 영화 이야기를 소개해서 흥미롭게 보았다. 코너스라는 사람은 일기예보를 위해 작은 마을에 파견되었다. 그는 일을 빨리 마치고 돌아가려 하지만, 폭설로 인해 하루를 더 머무르게 되었다. 이튿날 아침에 일어나보니 2월 2일, 그 다음에도 2월 2일, 계속 2월 2일의 연속이었다. 그는 2월 2일을 벗어날 수 없었기에 절망하였다. 하지만 변화가 일어난다. 날짜는 바뀌지 않지만, 코너스 자기 자신은 바꿀 수 있다고 깨달은 것이다. 그래서 그는 피아노 레슨도 받고 얼음 조각을 하게 되며 시를 암송하고 외국어를 배운다. 읍내를 다니면서 일어날 사건 속에서 사람들을 돕는다. 어느덧 코너스는 그 마을의 영웅이 된다. 그러다가 어느 날 아침 깨어나니, 2월 3일이 되었다. 날짜가 바뀌었고 코너스 자신도 음악가, 조각가, 시인, 의사, 상담자, 돕는 사

꿀꿀한 오늘이라도 주님의 기대로 살기

람, 만인의 친구 등으로 바뀌었다. 새사람이 된 것이다.

누구나 똑같은 경험을 할 수는 없다. 하지만 오늘을 거룩히 여겨 나를 주님 앞에 세워간다면, 더 성숙한 사람으로 변화되리라 믿는다. 나 자신에게 적용해 보려고 했던 몇 가지를 소개한다.

1. 매일 아침 그분에 대한 헌신을 재다짐하고 나의 모든 것을 인도해 주시길 간구하라.
2. 유쾌한 태도로 하루를 시작하라.
3. 잘못했을 때는 재빨리 인정하고 사과하라.
4. 예수님이라면 어떻게 하실까 생각하며 주님 닮길 애쓰라.

과거에 후회하지 말고 현재의 소중함을 잊지 말며 미래의 일로 염려하길 중단하라. 이미 알고 있는 하나님의 뜻을 행하고자 최고의 에너지와 정성을 쏟아, 함께 그리스도의 백성다워지길 소망한다.

제자의 안위를 늘 염려해 주시고 울타리가 되어 주신 정창균 총장님께 감사 드린다. 한 번도 마다하지 않고 언제든 와서 이야기하자고 따뜻한 격려가 되어 주신 이유환 목사님은 오늘을 살아가게 하는 훈풍이 되어 주셨다. 김지영 대표는 곁에서 한결같이 하나님의 손이 되어 주셨다. 신비한 분이다. 이호상 형제 가정은 어두운

터널을 함께 걸어와주었다. 한 없이 부족한 나를 위해 기도의 손을 떼지 않으신 장로님들, 권사님들, 집사님들, 한 분 한 분의 기도가 넘어진 자를 하나님 앞에 설 수 있게 해 주셨다. 너무 감사하다. 모든 것이 하나님의 은혜일 뿐이다.

꿀꿀한 오늘이라도 주님의 기대로 살기